AF502573

LÉONTINE ZANTA

PSYCHOLOGIE DU FÉMINISME

PRÉFACE DE PAUL BOURGET
DE L'ACADÉMIE FRANÇAISE

PARIS
LIBRAIRIE PLON
PLON-NOURRIT ET Cie, IMPRIMEURS-ÉDITEURS
8, RUE GARANCIÈRE - 6e

Tous droits réservés

4e édition

PSYCHOLOGIE
DU
FÉMINISME

8° R
31117

Il a été tiré de cet ouvrage
15 exemplaires sur papier pur fil des papeteries Prioux,
numérotés 1 à 15.

DU MÊME AUTEUR, A LA MÊME LIBRAIRIE

La Science et l'Amour. *Journal d'une étudiante.* Roman. Un vol. in-16........................... 7 fr.

Ce volume a été déposé au ministère de l'intérieur en 1922.

Dépôt légal Seine 1922

LÉONTINE ZANTA

PSYCHOLOGIE DU FÉMINISME

PRÉFACE DE PAUL BOURGET
DE L'ACADÉMIE FRANÇAISE

PARIS
LIBRAIRIE PLON
PLON-NOURRIT ET Cie, IMPRIMEURS-ÉDITEURS
8, RUE GARANCIÈRE - 6^e^

Tous droits réservés

Copyright 1922 by Plon-Nourrit et Cie.
Droits de reproduction et de traduction réservés pour tous pays.

PRÉFACE

Ce mot de *féminisme* nous permet de vérifier une fois de plus cette thèse que l'histoire de la langue est aussi l'histoire des idées. Vous le chercherez vainement dans les vocabulaires d'avant 1900. Il est aujourd'hui courant, ce qui ne veut pas dire qu'il ait une signification aisément définissable. L'idée qu'il représente est encore trop confuse, trop chargée d'éléments divers. C'est le sort commun à toutes les conceptions qui correspondent à un changement dans la psychologie sociale. Mais y a-t-il ici un changement, en quoi consiste-t-il, qu'a-t-il de durable, quel est son danger possible et sa bienfaisance, — tels sont les problèmes posés dans le livre de Mlle Léontine Zanta sur *la psychologie du féminisme*. Je ne connais pas d'étude plus judicieuse, plus objective, pour parler comme les philosophes, sur une des plus graves questions de l'heure présente.

I

Je disais que ce mot de *féminisme* n'est pas aisément définissable. Les dictionnaires récents — celui auquel j'emprunte ce texte est de 1909 — le traduisent : « Tendance à améliorer le sort de la femme dans la société... » Cette formule est très simple. Elle semble exacte et ne l'est point. Imaginez un réformateur qui combatte la loi du divorce en arguant qu'elle protège moins la femme contre le caprice de l'homme que le mariage indissoluble. Il prétendra bien améliorer le sort de la femme. Le qualifierez-vous de féministe? Vous peut-être, parce que vous pénétrerez son intention profonde. Pour les féministes, il sera un adversaire. Ils entendent, eux, par féminisme, une doctrine qui ait pour premier article le total affranchissement de la femme. Cette formule a le défaut de ne pas correspondre à une réalité. Prétendre que la femme est une esclave, parce que le Code impose certaines restrictions à son activité, c'est un paradoxe qui peut servir de thèse à des auteurs dramatiques qui veulent faire figure d'apôtres du progrès, ou à des conférenciers anarchistes. L'expérience quotidienne montre que nos sociétés modernes ne font pas aux femmes un sort qui justifie une révolte, et revendiquer pour elles le droit de vote, par exemple, c'est vraiment protester contre une inégalité qui ne touche en rien au bonheur ou au malheur véritable. C'est pourtant à des réclamations de ce genre que le féminisme se réduit pour beaucoup. L'évidente médiocrité de pareilles campagnes justifierait le dédain avec lequel les antiféministes traitent un mouvement que Chaumette, le procureur-syndic de la Commune, stigmatisait déjà en 1793, quand l'actrice Rosa Lacombe conduisit à la Convention une troupe de citoyennes coiffées du bonnet rouge : « Depuis quand », s'écria-t-il, « est-il permis aux femmes d'abjurer leur sexe et de se faire hommes, d'abandonner les soins pieux du ménage et le berceau de leurs enfants, pour venir sur la place publique, dans la tribune aux harangues? »

Mlle Léontine Zanta, qui nous rapporte cette anecdote, a imaginé un moyen plus sûr de définir le féminisme, en considérant simplement l'étymologie du mot? Ce suffixe latin d'origine grecque *isme* a d'abord servi à donner des noms aux systèmes, aux doctrines : *calvinisme, cartésianisme, spinozisme, hégélianisme*. Ces termes ne séparent pas, on le voit, la doctrine de ceux qui l'ont enseignée : Calvin, Descartes, Spinoza, Hegel. Le féminisme serait donc, je cite encore Mlle Zanta : « une philosophie spécialement élaborée par les femmes. » En creusant cette formule, une conception se dégage, sinon tout à fait précise, du moins très voisine de la réalité. Pour que les femmes puissent élaborer une philosophie spéciale de leur propre destinée, il faut qu'elles aient pris conscience en elles-mêmes d'énergies méconnues par les mœurs actuelles. Cette philosophie est-elle légitime? S'est-il produit véritablement une évolution d'intelligence, de sensibilité, de volonté, dans la femme moderne, qui justifie des remaniements profonds des coutumes? Car ce n'est pas le code qui crée les coutumes, ce sont les coutumes qui, tôt ou tard, façonnent le code, et, pour qu'elles s'établissent, un long travail inconscient est nécessaire. Ce travail a-t-il eu lieu dans le monde contemporain? C'est un constat de fait à établir par l'observation, si bien que le problème du féminisme se pose d'abord ainsi : entre l'apport social de la femme, il y a un demi-siècle, et son apport aujourd'hui, y a-t-il identité ou différence, et dans quelle mesure?

II

Qu'il y ait différence, le regard le plus superficiel le reconnaît aussitôt, et cela dans le domaine le plus humble comme dans le plus élevé. Un Parisien de soixante ans monte dans un tramway. Qu'il ferme les yeux et revoie l'omnibus de sa lointaine enfance. La lourde guimbarde que ses deux chevaux emmenaient

De l'Odéon pensif aux tristes Batignolles,

comme disait, si j'ai bonne mémoire, le poète de *la Chanson des gueux*, ne ressemblait guère au véhicule actionné par l'électricité qui file de la gare du Montparnasse à l'arc de l'Étoile. Mais quelqu'un ressemble moins encore au bonasse conducteur d'alors, c'est cette créature nerveuse, la casquette en tête, la sacoche à la ceinture, qui va d'une extrémité à l'autre de la voiture, recueillant les sous, distribuant les tickets, les yeux attentifs, les traits tendus. Il court, ce tramway, et voici qu'il croise, le long du trottoir, dans la partie aristocratique de son parcours, une jeune fille que la finesse de son profil, sa tenue, sa démarche, tout dénonce comme appartenant à ce faubourg Saint-Germain dont ce boulevard marque la frontière. Elle sort d'un des rares hôtels anciens qui dessinent encore derrière les arbres des derniers jardins leurs nobles silhouettes. Elle porte en effet un des grands noms de France, et, par ce clair matin, elle s'en va, accompagnée de son institutrice, sa serviette sous le bras, suivre à la Sorbonne un cours préparatoire à la licence! Si le bouleversement universel, rêvé par l'extravagance de nos bolchevistes, devait jamais se produire, elle aurait l'habitude du travail, tout comme ces innombrables sténo-dactylographes que vous rencontrez derrière les guichets de toutes les banques, tout comme ces étudiantes en médecine dont les longs sarraus blancs se mêlent aux blouses des internes dans le service des docteurs en train de passer la visite derrière les fenêtres de cet hôpital. Il y a cinquante ans, la présence d'une autre jupe que celle d'une Religieuse dans le cortège d'un maître de la clinique eût fait sensation. Entre ces étudiants aujourd'hui et ces étudiantes, c'est une atmosphère de camaraderie qui déconcerte nos souvenirs, à nous qui avons connu un quartier Latin d'un type si autre. Pour passer d'un milieu de labeur à un milieu de loisir, n'est-ce pas un signe, minuscule, certes, mais bien révélateur, que cette suppression, dans les classes où l'on donne des grands dîners et des réceptions, de cet asile du fumoir où les hommes se retiraient après le repas pour allumer les cigares sans incommoder les femmes? Rappelez-vous le début du deuxième acte de *l'Ami des femmes,* et les propos du jeune Chantrin qui raconte comment il a été préservé du tabac par sa mère : « Ma mère, qui était essentiellement femme du monde, et, comme telle, vous le comprenez mieux que personne, mesdames, avait le parfum du cigare en horreur... » Aujourd'hui, Mme de Chantrin demanderait à son fils de lui donner du feu, pour sa cigarette, après avoir tendu son étui à Mme de Simereuse, à Mme Leverdot et à Mlle Hackendorf et même à la jeune Balbine, dont les quinze ans seraient acclimatés à la tabagie, en attendant qu'elle se décide à faire sa médecine ou son droit. Des femmes avocats, qui donc encore aurait prévu cet avatar du sexe prétendu faible, — il y a cinquante ans?

Ce ne sont là que des traits épars et dont la notation a été fixée, jetée comme au hasard. C'est le plus sûr procédé pour se former une idée de ces impondérables qui flottent dans l'atmosphère d'une époque. Un caractère est commun à tous ces menus phénomènes sociaux. Il n'en est pas un qui ne soit une manifestation d'individualisme. C'est comme *individu* que la préposée aux tickets va et vient dans la trépidation du tramway; elle se suffit par un métier qui jusqu'alors était un métier masculin. C'est comme *individu* que la petite patricienne s'assied sur les bancs de la Sorbonne pour conquérir un savoir et des titres, qui furent si longtemps aussi un privilège masculin. C'est comme *individu* que la sténodactylographe s'assied devant sa machine à écrire, pour s'assurer une indépendance que jadis sa qualité de petite bourgeoise n'aurait même pas rêvée comme possible, pas plus que cette autre n'aurait rêvé de se faire une clientèle comme docteur ou comme avocat. Nous sommes donc en présence d'une des conséquences de cet universel mouvement qui, d'une extrémité à l'autre de la société, suscite les revendications personnelles. Les uns admirent cet individualisme, comme un affranchissement et comme un progrès. Ceux-là sont tout naturellement féministes comme ils sont démocrates, socialistes, voire bolchevistes. Les autres dénoncent, dans ce pullulement de volontés particulières, une diminution de ce sens collectif dont la famille et la patrie restent les expressions supérieures. Qu'il y ait une menace d'anarchie dans l'individualisme, c'est trop évident; mais quand l'observateur rencontre un fait très général, même s'il le juge, surtout s'il le juge très nocif, la bonne méthode veut qu'il en démêle d'abord les causes profondes. C'est le seul procédé qui permette, ou bien de les supprimer, si une destruction radicale est possible, ou de les diriger et par suite d'atténuer leur nocivité, si cette radicale destruction n'est pas possible.

III

Quelques-unes des causes de l'esprit individualiste ne sont pas malaisées à discerner dans la société contemporaine. J'en mentionnerai plusieurs, un peu au hasard, comme tout à l'heure les indices de l'évolution des mœurs féminines. Une première est l'instabilité des milieux, produite elle-même par l'instabilité des fortunes et la facilité de ce que l'on a justement nommé le déracinement. Pour les serviteurs de l'État, et chacun sait combien ils sont nombreux en France, les mutations de séjour sont la règle. Dans l'université, dans les postes, dans les finances, dans l'armée, c'est un va-et-vient continuel du nord au midi, de l'est à l'ouest, qui promène le professeur, le commis du télégraphe ou de l'enregistrement, l'officier en activité, loin de son pays d'origine. Dans ces foyers errants, soustraits à l'irrésistible et lente pénétration des habitudes locales, s'élaborent des psychologies de dépaysés. Être dépaysé, c'est d'abord ne pas se sentir en accord avec l'ambiance, c'est se défendre contre elle, instinctivement, par ce réflexe que l'on nous résumait, au collège, dans la formule classique : « Le moi se pose en s'opposant. » Ce qui veut dire que les personnalités se font critiques, qu'elles s'adaptent difficilement, qu'elles s'*individualisent*. Dans ce monde des fonctionnaires, nous rencontrerons un autre élément de déséquilibre : les sautes subites de condition. Si un ménage n'a pas de fortune patrimoniale, la mort du mari devient un désastre par l'immédiat changement d'existence infligé à la veuve et aux enfants. Cette fortune même, à quel aléa n'est-elle pas exposée, et pour chacun de nous, par les placements douteux! A quelle dispersion par le titre premier du livre III du Code civil sur les successions! Quoi d'étonnant si cette précarité des revenus produit de plus en plus chez les parents un désir d'assurer un métier à leurs enfants, et chez ceux-ci, dès qu'ils acceptent cette idée, un parti pris personnel dans le choix de ce métier, et nous voici de nouveau dans l'individualisme. Changerez-vous ces circonstances génératrices de la disposition d'âme que vous redoutez? Rendrez-vous aux familles cette vertu de permanence, d'autant plus inconciliable avec les exigences de la vie moderne que les facilités de déplacement se multiplient? Comment soustrairez-vous la richesse à cette mobilité qui est l'essence même de l'Économique contemporaine? Et surtout, pour en revenir à cette question de féminisme dont nous dégageons les données premières, comment empêcherez-vous que l'éducation actuelle n'ait ce résultat de donner à tous et à toutes, aux femmes aussi bien qu'aux hommes, aux pauvres et aux riches également, une culture d'intelligence à peu près pareille? Et cette identité, si paradoxale qu'une telle conséquence paraisse à première vue, est, elle aussi, une génératrice d'individualisme, et la plus forte peut-être.

A mesure que les sciences se sont développées, en effet, une moyenne d'instruction positive s'est établie, et quantité d'intelligences sont de la sorte arrivées à un niveau de connaissances sinon tout voisin d'être égal, du moins assez élevé pour qu'il n'y ait pas entre elles de ces différences d'espèces, comme il s'en produit entre l'ignorant absolu et le grand lettré. Cette vulgarisation de la science élémentaire a eu ce résultat d'éveiller à la pensée consciente des esprits, par ailleurs incapables de pousser cette pensée un peu loin. Le langage des révolutionnaires porte la trace de cet éveil. Quelle épithète accolent-ils à leurs partisans? Ils les appellent des prolétaires conscients. Or, le premier instinct de cette pensée consciente, c'est une tendance au jugement propre, d'une part, et de l'autre une conviction que l'on serait capable, avec une éducation plus complète, d'une science bien plus étendue et totale. Mais le jugement propre, c'est l'individualisme. Mais cette conviction d'une capacité illimitée de connaissance, c'est un orgueil qui s'incline malaisément devant l'autorité spirituelle, et c'est encore l'individualisme. Cette sorte d'individualisme est à la base du gouvernement démocratique : — tous les citoyens conçus comme également capables de juger la chose publique. Ce même individualisme est à la base du féminisme : — toutes les femmes jugées capables dans tous les ordres d'activité intellectuelle d'égaler l'homme, et c'est vrai que vous trouverez à la Sorbonne devant le tableau noir, à l'hôpital devant le lit d'un malade, au laboratoire devant les microscopes, des étudiantes en mathématiques, en physiologie, en physique qui sont de tout premier ordre.

Faut-il mentionner les romancières et les poétesses que nous admirons tous? Il est trop naturel qu'en présence de cette preuve par le fait, les novateurs se considèrent comme justifiés de réclamer un statut nouveau dans l'ordre social pour cet être nouveau : la femme moderne, instruite autant que l'homme, énergique autant que lui, et maintenue par la loi traditionnelle dans un état d'infériorité.

IV

Est-elle vraiment maintenue dans cet état, et surtout cette éducation nouvelle empêche-t-elle que la maternité ne demeure la mission féminine par excellence, et cette mission n'exige-t-elle pas, dans cet ordre social prétendu nouveau, une place bien analogue à celle que l'expérience séculaire donne aujourd'hui à la fille et à l'épouse? La réponse à cette question est trop complexe pour qu'elle soit donnée ici. Dans quelque sens que ce problème soit résolu, on ne saurait que se ranger à l'opinion soutenue par Mlle Zanta dans son livre, à savoir : que le mouvement féministe, s'il veut progresser, doit être avant tout un mouvement d'action morale. Plus la femme réclamera de droits, plus ses devoirs augmenteront, et, en première ligne, l'obligation de se respecter et de se dévouer. Mais ce double instinct, celui de l'honneur et celui du sacrifice, fait trop intimement le fond de sa nature, dans nos sociétés chrétiennes, pour qu'il y ait jamais lieu de craindre son abolition. Ce sera la marque du bon féminisme et la limite du mauvais.

PAUL BOURGET.

Mars 1922.

INTRODUCTION

Le féminisme est à l'ordre du jour, la guerre jetant la femme dans la mêlée sociale en a précipité le mouvement.

Des romans, des romans de femmes tout particulièrement, mettent en lumière des types de celle que l'on pourrait appeler « la femme nouvelle » et le théâtre rouvre ses portes aux pièces à thèse féministe : *Francillon* a reparu sur l'affiche du Théâtre-Français.

Si ce problème, qui n'est d'ailleurs qu'un cas particulier du problème social, a toujours passionné l'opinion, il semble qu'il soit plus que jamais d'actualité aujourd'hui que nous sommes en pleine crise sociale.

Les ouvrages sur la question féministe ne

manquent point ; les polémiques non plus ; je crois même pouvoir dire en toute sincérité que j'en ai feuilleté le plus grand nombre, non sans constater avec regret qu'un parti pris évident dictait le plus souvent les opinions de part et d'autre. Il restait donc une attitude à prendre : l'attitude, raisonnable, celle qui devrait être logiquement prise la première si les passions humaines et le désir de les exciter n'étaient point toujours prêts à élever leur voix redoutable. C'est ce modeste rôle que je veux essayer de jouer dans cet ouvrage.

Voici d'ailleurs le fait d'expérience notoire qui m'a déterminé à faire parler la raison, ce personnage ingrat et pâle, que l'on se soucie si peu d'écouter.

En juillet 1919, le droit de vote avait été accordé aux femmes par la Chambre des députés, mais n'avait point été sanctionné par le Sénat. Une délégation de femmes s'était rendue au Palais du Luxembourg, mais sans que l'on tînt compte de sa requête, le Sénat ne ratifia pas le vote de la Chambre. C'était un échec pour le féminisme, un échec dans un pays de liberté pourtant ! La femme du Nord, l'Anglo-Saxonne, avait gagné la bataille, la femme latine l'avait perdue. Pourquoi? Je me posai alors avec angoisse la question et, dans l'incapacité où j'étais de la résoudre, je me demandai si la raison n'en était point que je la posais mal. Le féminisme, pour moi comme pour toutes les femmes de race latine, m'était apparu jusqu'à présent comme une question d'ordre social, ou plutôt d'ordre légal, alors qu'il était une question d'ordre psychologique et moral. Nous combattons toujours, nous les Françaises, pratiquement contre le code, ce code qui nous sacrifie, et où nous n'avons que demi-place, alors que nous payons comptant place entière toute notre vie. Dès lors, dès qu'une bataille s'engage chez nous sur le terrain du droit, nous y courons sans nous demander si nous avons en main les armes qu'il faut pour bien nous battre, et nous sommes vaincues : c'est ce qui se produisit en 1789.

La Révolution avait proclamé les grands principes de l'égalité des hommes, la femme en avait déduit logiquement l'égalité de l'homme et de la femme, elle s'en prit au code de ce qu'en réalité les droits pour les deux sexes ne fussent pas égaux. À l'Assemblée nationale il fut donc présenté un cahier de doléances où l'on pouvait lire parmi les articles du projet de décret celui-ci :

« L'Assemblée nationale, voulant réformer le plus grand des abus et réparer les torts d'une injustice de six mille ans, décrète ce qui suit : « Tous les privilèges du sexe masculin « sont entièrement et irrévocablement abo- « lis dans toute la France. Le sexe féminin « jouira toujours de la même liberté, des « mêmes droits et mêmes honneurs que le « sexe masculin. »

Et pour défendre leurs droits, il se trouva des femmes énergiques un peu trop passionnées peut-être, c'est ce qui les fit sévèrement juger. Telle cette Olympe de Gouges, d'un tempérament d'apôtre, qui paya de sa tête l'ardeur qu'elle mit à attaquer Marat et Robespierre. Sans trembler, elle monta à l'échafaud, demandant au peuple de venger sa mort. Elle avait quarante-cinq ans et n'eut d'autre faiblesse que celle d'en avouer trente-huit. Elle était, malgré son héroïsme, restée bien femme, diront certains antiféministes. Sans doute, et cet argument n'est pas à dédaigner quand on songe que c'est à elle que nous devons cette magnifique déclaration des droits de la femme et de la citoyenne que relate M. Léopold Lacour, dans son ouvrage si captivant : *Trois femmes de la Révolution, Olympe de Gouges, Théroigne de Méricourt, Rose Lacombe*, et dont je veux rappeler ici un passage : « Nul ne peut être inquiété pour ses opinions : la femme a le droit de monter à l'échafaud, elle doit avoir également celui de monter à la tribune, pourvu que ses réclamations ne troublent pas l'ordre établi par les lois. »

N'est-ce point ce mot, que reprit un jour à son compte Mme de Condorcet, lorsque Bonaparte, consul, lui disait dans sa colère antiféministe : « Je n'aime pas que les femmes se mêlent de politique », et qu'avec beaucoup d'à-propos elle répondait : « Dans un pays où on leur coupe la tête, il est naturel qu'elles aient envie de savoir pourquoi. »

D'autres révolutionnaires furent encore plus absolues ! Théroigne de Méricourt, la petite Mme Roland de la rue, du club, et de l'émeute, comme on l'appela assez justement, va jusqu'à demander des armes pour la citoyenne, et le droit pour elles de s'assembler au Champ de Mars et de s'exercer à la manœuvre. La femme-soldat, ces révolutionnaires ne redoutent rien, ni l'échafaud, ni la guerre, mais on les jugea redoutables, et c'est pourquoi elles échouèrent. Lorsqu'elles vinrent en 1793, à la Convention, en délégation, coiffées d'un bonnet rouge et conduites par l'actrice Rosa Lacombe, Chaumette les accueillit fort mal et les renvoya aux fuseaux :

« Depuis quand, s'écria-t-il, est-il permis aux femmes d'abjurer leur sexe et de se faire hommes, d'abandonner le soin pieux du ménage et le berceau de leurs enfants, pour venir sur la place publique, dans la tribune aux harangues ! » et la Convention supprima aussitôt toutes les sociétés et tous les clubs de femmes. Lorsque donc, il y a déjà plus de deux ans, mes contemporaines refirent le même geste, sans bonnet rouge, et dans une attitude tout à fait raisonnable, je constatai qu'il ne fut pas plus heureux. Plus d'un siècle avait passé pourtant depuis cette première manifestation féministe, l'idée de liberté et d'égalité avait fait son chemin, nous avions eu république sur république, par conséquent expériences successives de liberté, et la liberté complète, pour la femme, est toujours en expectative. Qu'est-ce à dire? Le régime démocratique serait-il contraire au développement du féminisme? Il serait difficile de le croire, à lire toutes les brochures où l'on fait marcher de pair socialisme et féminisme, laïcisme et féminisme, où l'on répète de mille manières que l'Église a encouragé l'ignorance de la femme pour sauvegarder son autorité. Mais retournons en arrière, au temps de la monarchie ; au dix-septième siècle, alors que l'absolutisme règne en maître, il n'y a point trace de mouvement féministe. La femme, à cette époque, ne songe guère à revendiquer ses droits et si Mme de Maintenon apparaît comme une novatrice en fait d'éducation féminine, si Fénelon même, le doux et ferme Fénelon, énonce à ce sujet des théories très hardies pour son temps, nous ne les traiterons de féministes ni l'un ni l'autre. Quant au dix-huitième siècle, sous son aspect de grande liberté, au plus beau temps de sa période salonnière, il ne fit rien pour émanciper la femme. Elle règne dans les salons, c'est vrai, maîtresse de l'homme d'une certaine manière, qui me semble être tout le contraire de la liberté, en tout cas, elle paye la rançon de cette maîtrise par bien des servitudes. Témoin Mme du

Châtelet qui, pour essayer de garder Voltaire, eut bien à souffrir et dut maintes fois capituler. Elle ne le cache point lorsque commencent de se produire les infidélités du grand homme, dont les absences loin de Cirey se multiplient et qu'elle écrit à d'Argental : « J'apprends ses desseins par les gazettes ou les ambassadeurs. Tout ce que j'ai éprouvé depuis un mois détacherait peut-être toute autre que moi, mais s'il peut me rendre malheureuse, il ne peut diminuer ma sensibilité. Son cœur a bien à réparer avec moi, s'il est encore digne du mien... »

Le règne de Mme du Châtelet n'eut qu'un temps. Ainsi en arriva-t-il par toutes ces reines de salon dont s'enorgueillit le dix-huitième siècle. Elles surent fort bien secouer le joug de l'autorité religieuse ou de l'autorité conjugale, mais non point celui de l'autorité autrement tyrannique d'une voluptueuse sentimentalité.

Non, la libre pensée, le scepticisme, l'amoralisme ne sont point des auxiliaires efficaces du féminisme, pas plus que le libertinage salonnier du dix-huitième siècle où la famille comptait si peu et l'amour libre si fort, pas plus que les cours d'amour, pas plus que la chevalerie et la société brillante de la Renaissance. Mais alors où chercher ce milieu qui épanouisse la femme dans un développement complet de toutes ses facultés, puisque ni les salons, ni les assemblées publiques, ni les châteaux moyenâgeux, ni les cours princières ne contribuent à l'émanciper? Tout simplement dans la famille, au foyer domestique d'abord, mais compris dans un sens plus large qu'il ne le fut à l'origine, pour que chaque membre de la communauté, en tant qu'être libre, y jouisse de tous ses droits. Voilà l'égalité que requiert le féminisme et si notre démocratie actuelle se montre si réfractaire à ses progrès, étudiez-la de près et vous verrez qu'elle vit elle aussi sur un capital de fausses valeurs, sous un régime d'égalité mal comprise, comme la famille antique. Tant que le féminisme lui sert de prétexte pour saper les autorités qui la gênent, elle le favorise ; vient-il à menacer son autorité, elle l'écrase.

Rome avait déjà permis à la femme de faire cette expérience de fausse liberté. Elle l'avait émancipée de la tutelle au moment où l'autorité patricienne, s'appuyant sur les grandes familles, faisait du chef de famille une force opposée à celle de l'État, mais la liberté donnée d'un côté lui fut reprise de l'autre. Au moment où elle venait d'être émancipée du joug du père, du mari, des agnats, où elle était relevée de ses incapacités en tant que fille, épouse, héritière, elle fut frappée d'autres incapacités en tant que son sexe représente : *fragilitas, imprudentia, imbecillitas*. Une grêle de lois nouvelles se met à fondre sur elle. Devenue maîtresse de sa fortune, elle en abuse et se livre à un luxe forcené. Le législateur intervient par la loi *Oppia* contre le luxe des femmes. Cette loi fut abrogée, le vieux Caton ne put lutter contre les femmes coquettes coalisées. Le législateur prit alors un autre chemin, il biaisa. La femme pouvait s'enrichir de trois manières : par succession, par donation, par testament. Il n'y avait qu'à la frapper dans ses droits de succession. La loi *Voconia* prive la femme des successions opulentes. On va même plus loin, on essaie de régler les mœurs par le code. Les lois *Juliennes* et *Papiennes*, édictées par Auguste et appelées pompeusement par lui : *Lois sur la pudeur*, ne visent à rien moins qu'à restaurer dans l'Empire les mœurs antiques. Les femmes condamnées pour adultère, par exemple, ne pouvaient plus ni témoigner en justice, ni contracter un mariage légitime, ni être instituées héritières, ni recevoir aucun legs. Les femmes de mœurs honorables ne pouvaient recueillir les legs et successions testamentaires qu'autant qu'elles se mariaient et avaient des enfants. Je n'en dirai pas davantage, cet exemple suffira, je pense, pour montrer combien est profonde cette erreur, par trop répandue, qui met tout l'essentiel de l'émancipation de la femme dans la liberté de vivre sans frein au gré de ses caprices. Rien n'est plus faux, alors même qu'elle serait protégée par les lois, ces lois peuvent toujours un jour ou l'autre se retourner contre elle, lorsqu'elles sont abrogées ou modifiées par l'État. Or, l'État est foncièrement et uniquement utilitaire, il représente la conscience collective, c'est-à-dire la conscience aveugle et bornée. La femme n'a rien à gagner à passer sous ce joug-là. Aussi bien en avons-nous vu des exemples probants ces derniers temps. Grande liberté nous fut donnée pendant la guerre d'aborder toutes les carrières, de servir l'État sous toutes les formes accessibles à notre activité. Nul ne songeait alors à incriminer notre fragilité, nous rendions de trop réels services. La guerre a pris fin et voilà que le féminisme redevient menaçant, au dire de ceux mêmes qui l'avaient encouragé et l'on répète à nouveau la vieille formule qui frappe d'incapacité le sexe féminin : *fragilitas, imprudentia, imbecillitas.*

La femme sans doute a conquis quelques droits à l'indépendance depuis 1789; d'où vient cependant que le féminisme n'avance point, c'est que l'on néglige de dégager et de mettre en valeur ce qui constitue la seule garantie de l'émancipation : l'être humain en sa qualité de personne, d'être moral.

PSYCHOLOGIE

DU

FÉMINISME

CHAPITRE PREMIER

LE FÉMINISME ET SON ÉVOLUTION

J'ai souvent remarqué que les grandes divergences d'opinions qui alimentent les discussions les plus vives ou fomentent les querelles entre partis hostiles, n'avaient d'autre cause à leur origine qu'une mauvaise définition. On ne s'entend point sur les prémisses et chacun veut dérouler son syllogisme. Peut-être est-ce là aussi la cause de tant de polémiques qu'il serait possible de modérer par une bonne définition du féminisme.

Qu'est-ce que le féminisme? Ce mot n'est pas vieux, il date d'un peu plus d'un siècle. Si nous en revenons à l'étymologie qui donne au suffixe *isme* son sens plein, il désignerait une doctrine, un système relevant directement de la femme et qu'elle imposerait *ex cathedra*. Par platonisme, par aristo télisme, nous entendons les doctrines philosophiques qu'enseignèrent successivement Platon, Aristote ; par féminisme, nous entendrions une philosophie spécialement élaborée par des femmes, une philosophie du sexe, voilà qui expliquerait la bataille, car il y a, quoi qu'en disent les pinceurs de guitares, autant d'antagonisme que d'attirance dans l'évolution du grand sentiment. L'amour, esclave de la nature différenciée dans les sexes, violente plus d'une fois la *personne* humaine qui n'a point de sexe, mais veut se garder *une*. Les révoltes, les moyens de défense de la personne sacrifiée constitueraient donc la philosophie de la femme, le féminisme. Mais une autre explication est admise, qui vient d'un sens péjoratif donné au suffixe *isme*, il désigne alors non seulement un système, une doctrine, mais l'abus de ce système ou de cette doctrine. Eh bien! il ne faut pas nous le dissimuler, c'est souvent le second cas qui prédomine, car féminisme n'est pas un mot très sympathique. Voyons donc s'il n'y aurait pas lieu de revenir au premier sens et de donner à ce pauvre mot un aspect moins rébarbatif.

Si nous interrogeons l'histoire, nous pouvons noter, dans les environs de 1830, une sorte de doctrine professée par les femmes, qui prit le nom de féminisme mais avec une épithète. C'était le féminisme saint-simonien. Le saint-simonisme avait tout simplement enrôlé la femme sous son drapeau et il avait trouvé, en faisant appel à sa sensibilité, un apôtre admirable. Il lui promettait d'ailleurs comme à tous les autres humains la panacée, le remède universel, l'amour, l'amour sans entraves, l'amour libre, le bonheur enfin! Et c'est à la femme qu'il confiait la mission de choix d'apporter au monde le code de la morale nouvelle, du nouveau christianisme qui réhabilitait la chair et l'esprit ; elle serait la femme Messie. Vous comprenez combien ce rêve, en pleine période romantique, eut de séduction pour notre France fatiguée. Elle cherchait une foi, une foi apaisante, faute de la foi traditionnelle, qu'elle n'avait plus. Elle revint donc au mysticisme, au premier qu'on lui offrit sous un masque philosophique, et la femme, l'être mystique par excellence, fut séduite la première. Comment ne l'aurait-elle pas été?

Puis, lorsqu'au rêve d'une religion nouvelle viendra s'ajouter le rêve socialiste et communiste, quand sera proclamé comme un dogme le droit de tout individu à sa part de gâteau, la femme, qui avait beaucoup souffert, s'émut de pitié, elle tendit la main à ses frères malheureux, elle se fit socialiste et communiste sans s'apercevoir du danger qu'elle courait. C'est que par ailleurs la doctrine prenait des allures pratiques. Fourier, tout en proclamant l'égalité des sexes ayant droit égal au plaisir suivant le principe d'attraction passionnelle, proclamait aussi le droit de la femme à pénétrer dans toutes les carrières. Il réfutait d'avance les objections, qui aujourd'hui lui sont encore faites, à savoir qu'elle ne réussit pas dans certaines fonctions. « Elle y réussit quelquefois, dit-il, et dans des conditions le plus souvent déplorables, sans y être préparée. » Cet argument suffit pour la défendre, quelque chose de nouveau se dégage donc de la doctrine du féminisme fouriériste. Fourier demande l'émancipation des femmes au nom de la justice, de l'utilité sociale. Il affirme que « les progrès et les changements de périodes s'opèrent en raison du progrès des femmes vers la liberté et que les décadences d'ordre social s'opèrent en raison du décroissement de la liberté des femmes ». Principe excellent, mais à condition de bien entendre cette liberté.

Si les premières féministes s'égarèrent dans les broussailles de la fausse liberté, elles n'en furent point responsables. Victimes du vague sentimentalisme rousseauiste qui régnait alors, elles furent trompées par leur sensibilité. Bientôt, il s'en trouva parmi elles qui réagirent, et c'est tout à leur éloge d'être sorties seules, et sans l'aide d'aucune doctrine religieuse ou philosophique, de l'ornière passionnelle du fouriérisme. Elles reconnurent combien il était à leur détriment, ce féminisme où les engageait sournoisement la loi d'attraction passionnelle et que « les saint-simoniens sont plus mâles que saint-simoniens ». Dès lors le premier pas est fait, elles vont chercher l'égalité sur un autre plan que celui du droit à l'amour, le plan de l'éducation en général d'abord, de l'éducation morale ensuite.

Les premières féministes clairvoyantes en revinrent tout naturellement en effet au problème moral. Elles le posent dans la famille et dans les différentes classes sociales ; ce sont les conditions inférieures de vie matérielle chez la femme qui la mettent le plus souvent dans un état de subordination immorale vis-à-vis de l'homme. Voyez-la dans la classe pauvre telle qu'on nous la montre en 1830; sa situation n'est pas changée aujourd'hui. Sans métier, encore fille, elle est employée aux besognes matérielles les plus dures, elle croit y échapper en se mariant, elle tombe sous la dépendance d'un autre maître, qui la nourrit de coups, ou ne la nourrit pas du tout, ou l'abandonne. Alors étonnez-vous qu'elle coure à l'atelier, à l'usine. Est-elle mère? Que peut-elle enseigner à ses enfants? Elle ne sait rien elle-même; que peut-elle leur donner? rien que des soins matériels, dans la mesure où son maître le voudra bien.

Voilà ce que constatèrent les premières féministes et ce que constatent encore aujourd'hui toutes nos femmes apôtres qui se dévouent à la cause du peuple. Le problème du féminisme ainsi posé devient un problème moral, que l'état de la société telle qu'elle est encore ne permet pas de résoudre. La femme est esclave dans la classe riche comme dans la classe pauvre, elle garde une mentalité d'esclave. Avec une éducation souvent superficielle, elle entre dans le mariage par intérêt, accepte d'y rester en s'aidant de la ruse et du mensonge, trompe son mari pour se consoler d'être trompée. Mais cet état de choses tend à s'améliorer. La femme prend conscience de sa valeur d'être moral et refuse d'entrer dans une association qui ne lui fait pas sa part égale. Elle cherche de plus en plus à s'émanciper par le travail et l'on ne peut pas l'en blâmer. Quant à déterminer quel doit être ce travail pour qu'il convienne à la femme et ne violente pas sa nature, la question est trop complexe, exige de trop sérieuses et particulières compétences que je n'ai pas, pour que je me risque à l'examiner.

Ce qu'il importe de conclure de ce premier mouvement féministe que je viens rapidement d'esquisser, c'est qu'il y a, en effet, dans le féminisme, une doctrine élaborée par des femmes mais nullement particulière aux femmes, une doctrine basée sur le principe le plus sacré qui soit et qui n'aurait jamais dû être discuté, si la société avait subi une évolution normale : le principe de la véritable égalité. Pris dans ce sens, le féminisme n'a rien d'original, il est vieux comme la civilisation et Gaston Boissier avait raison de parler d'un féminisme qui aurait éclaté déjà sous Néron. Il y a féminisme chaque fois que la femme revendique ses droits d'être libre, il y a féminisme dans chaque essai qu'elle tente pour les conquérir, mais il y a féminisme au sens plein du mot, c'est-à-dire doctrine le jour où ces essais se trouvent assez puissamment coordonnés pour permettre à la femme de réagir contre un état social passé par un nouvel état social présent : c'est ce qui est arrivé en 1830, c'est ce qui arrive encore de nos jours.

Toute une pyramide de préjugés est en train de s'écrouler, qu'avait respectée l'inertie de la masse. La tradition littéraire l'avait consolidée en reprenant sans cesse et sous toutes les formes de l'art, je l'admets, un même type de femme, candidate éternelle à l'amour de l'homme, à l'amour malheureux, adultère ou vénal, rarement à l'amour heureux.

On avait posé en principe que la femme ne pouvait point vivre en dehors de la famille patriarcale, et que toucher à cette institution c'était ruiner la société, ruiner la famille, ruiner la morale. Du jour donc où des faits sont venus démontrer que cette institution n'était point éternelle, précisément puisqu'elle méconnaissait les principes fondamentaux de la morale, du jour où l'on vit la femme conquérir ses droits civils et même civiques, on a crié au danger d'une doctrine nouvelle, à la transformation du monde et l'on serait tout porté à prédire un retour au matriarcat.

Mais il n'est pas difficile, en regardant les faits qui marquent cette lente mais sûre émancipation de la femme, de comprendre que « féminisme » est un de ces mots improvisés, dans un moment d'étonnement et de passion, quand le présent brusquement fit opposition avec le passé, et que l'on a tout simplement négligé de le soumettre à la critique scientifique.

Le féminisme a existé de tout temps, car de tout temps la femme a éprouvé plus ou moins consciemment le besoin de vivre en être libre, mais comme d'autre part la société a toujours pesé sur elle, elle s'est révoltée et ce sont ces révoltes qui font les périodes de crises féministes. Essayons de la suivre dans sa lente évolution.

Je ne reviendrai point à cette première forme d'institution sociale qu'on appelle le matriarcat et où la femme, étant chef du groupe familial, avait soi-disant tous les droits, elle est mal connue encore, assez pourtant pour affirmer que ce qui faisait l'autorité de la femme, ce n'était certes pas sa valeur propre, sa valeur morale. Elle n'avait qu'une valeur biologique, elle transmettait la vie : le clan ou la tribu ne se conservait que par elle.

Dans le patriarcat, quand le père devint le vrai chef de famille, quand il eut sur ses enfants droit de vie et de mort, la femme ne compta pas plus que les enfants. En se mariant, elle passe de la tutelle du père à celle de l'époux ; mais elle reste dans la même servitude. Les fiançailles revêtaient la forme d'un marché, le fiancé achetait sa fiancée en payant une certaine somme à la famille de celle qui devenait sa femme. Nous trouvons cette coutume déjà chez les Grecs de la période héroïque, et ce prix a une si grande importance qu'Agamemnon, cherchant à désarmer Achille, lui offre une de ses trois filles au choix, sans exiger le prix d'achat. Lorsque la jeune fille était jolie, on escomptait sa beauté, on l'appelait : Alphésibée, celle qui procure des bœufs. Le bétail était alors la seule monnaie en cours. Au cinquième siècle, Clovis épouse Clotilde pour un sou et un denier, c'est-à-dire quinze francs, et cette somme est payée à Gondebaud, son oncle. Mais ce n'était plus là qu'une survivance d'une institution qui était encore en vigueur comme symbole. Elle rappelait à la femme qu'elle n'était qu'une propriété, un meuble, une chose qui passait d'un clan à l'autre, d'une famille à l'autre, mais qu'elle n'avait aucune valeur en soi.

Du jour où la dot lui fut accordée, sa situation change, elle devient propriétaire et en acquiert les droits ; c'est un commencement d'émancipation. La femme se rendra parfaitement compte de sa situation nouvelle et s'en servira, non point toujours dans le sens de la vraie liberté

La dot, qu'elle soit en argent ou en fiefs, est pour elle une occasion de liberté dont elle peut bien ou mal user.

Sous le régime féodal, la femme possédant un fief, peut jouir de tous les privilèges attachés à ce fief et garder toutes les attributions de la souveraineté : droit de lever des troupes, de battre monnaie, de rendre justice. Ce sont des droits inhérents à la propriété que nous retrouverons longtemps encore. Mme de Sévigné siégea aux États de Bretagne : ce n'était pas Mme de Sévigné qu'on avait élue mais la terre qu'elle représentait. De même si l'aristocratie reconnut plus d'une fois le droit des femmes comme chefs de famille, c'est qu'elle tenait au maintien des grandes propriétés et que la famille, à défaut du chef, ou la propriété, à défaut du propriétaire, pouvait être concédée à une femme. Ce privilège en lui-même ne la relevait pas, mais pouvait lui servir de moyen. Elle n'était plus frappée d'incapacité absolue : voilà le progrès. Et s'il est vrai de dire que le droit, quel qu'il soit, n'existe pas sans la force matérielle qui l'appuie, la dot ou le fief constitue vraiment une force matérielle dont peut user la femme pour revendiquer ses droits. Elle ne se fera pas faute d'y recourir. Voyez dans notre société moderne les droits que crée la dot, le « parler haut » dans le ménage d'une femme qui apporte la dot, la façon dont elle s'en sert pour garder un frivole époux ou pour se garder de lui, les fronts assombris des parents en quête de mari pour une fille sans dot. Tous les épouseurs ou parents d'épouseurs n'ont point toujours le bon sens d'Harpagon qui sait reconnaître la valeur incomparable d'une femme sans dot, capable d'apporter en qualité au ménage ce qu'elle n'apporte point en quantité.

Dans la question du divorce, la dot, mais c'est un peu cette arme à deux tranchants que l'on manie dans un sens ou dans un autre suivant qu'elle peut servir l'égoïsme de l'un ou de l'autre des conjoints.

J'aurais mauvaise grâce pourtant à faire le procès de la dot puisqu'elle constitua pour la femme un moyen d'émancipation, puisque l'Église, disons plutôt le droit canonique, ne se contenta pas seulement de la prendre sous sa protection mais qu'il en fit, au concile d'Arles, une condition du mariage. Mais combien ne serait-il pas préférable de considérer comme dot le travail, ou plutôt les capacités de travail de la femme à condition de s'entendre sur le sens du mot? Il n'implique nullement que la femme ait un métier qui la retienne hors du foyer, mais qu'elle ait des capacités suffisantes pour en exercer un s'il en est besoin, en tout cas, qu'elle sache se prêter chez elle à toutes les besognes, notamment celle de ménagère, si la main-d'œuvre étrangère vient à lui faire défaut, comme il arrive si souvent en nos temps de crise domestique.

Cette thèse d'ailleurs commence de gagner bien des adeptes. On la met en pratique dans l'éducation ménagère que l'on donne aux jeunes filles ; les parents sont soucieux d'apprendre à leur fille, même richement dotée, de quoi se tirer d'affaire, et nos jeunes gens semblent aussi faire bon accueil à cette théorie. Ils ont si souvent constaté pendant la guerre combien il était nécessaire de savoir se débrouiller, qu'ils cherchent volontiers la femme « débrouillarde » qui n'est généralement pas la riche héritière, mais celle qui appartient à la classe moyenne, cette classe si sage, qui ne possède ni terre, ni capital, à peine quelque humble réserve permettant aux parents de déposer dans la corbeille de leur fille, le jour du mariage, juste la valeur d'un symbole. Et ce symbole qu'il importe de garder et qui n'est souvent qu'un modeste trousseau, une petite somme d'argent, c'est la jeune fille elle-même qui le constitue par son travail avant le mariage. Ainsi tombe ce préjugé de la classe bourgeoise qui faisait de la jeune fille à marier un article spécial, soumis à un code de pratiques étroites et ridicules, souvent inventées par les mères égoïstes pour ne point perdre un pouce de leur autorité.

Qu'on me pardonne cette appréciation peut-être un peu brutale, mais trop de fleurs ont été jetées à la jeune fille, soi-disant idéale, qu'on éleva trop longtemps pour l'homme, rien que pour l'homme. Et sous ce type figé de la « jeune fille bien élevée » on étouffait sa personnalité : c'était une faute dans l'ordre moral, voilà pourquoi je me permets de la relever. Relisez d'ailleurs ce roman si parfait d'analyse fine et pénétrante, véritable document de psychologie féminine que nous avons goûté dès son apparition il y a quelque dix ans : *La jeune fille bien élevée* de M. René Boylesve.

Eh bien ! ce type de jeune fille tend à disparaître, la guerre en a, je crois, balayé les derniers vestiges.

La vie moderne ne peut plus d'ailleurs s'accommoder de la conception étroite de l'antique patriarcat. Cette institution convenait fort bien à la maison d'un Grec ou d'un Romain qui renfermait, comme le notait Fustel de Coulanges, dans sa *Cité antique*, un autel avec de la cendre et des charbons allumés et dont le père était en quelque sorte le prêtre. La religion du foyer, tel était le sentiment qui faisait de la famille tout entière la servante du passé. Famille venant en effet du mot latin *famula*, qui veut dire servante. Cette religion appuyait l'autorité du chef de famille de telle sorte que la femme pouvait à son tour l'accepter sans discussion ; mais c'est du jour où ce fondement religieux disparut que l'autorité parut insupportable ; la femme alors se révolta et ce fut un essai de féminisme. Elle ne vécut plus pour le groupe, elle vécut pour elle et ses enfants, elle ne regarda plus le passé, il avait perdu son auréole de religiosité, elle ne vit que le présent qui ne lui était point favorable et l'avenir où ses filles comme elle souffriraient.

La dot, l'héritage, voilà donc ses premières armes, qui n'appartiennent d'ailleurs qu'à une minorité : la classe privilégiée, la moins nombreuse et la moins stable. Aucun mouvement féministe important ne pouvait d'ailleurs sortir d'elle, et c'est ce qui vous expliquera qu'à l'heure actuelle encore, les classes qui possèdent, sauf quelques exceptions raisonnables, sont en général hostiles au développement du féminisme.

La femme ne pouvait donc commencer de s'émanciper qu'à condition d'entrer comme égale par le travail dans l'association conjugale. Pour que l'harmonie se fît entre les intérêts de l'époux et de l'épouse, il fallait que son bien ne fût plus un héritage, mais sa création propre, celle de son travail. Nous retrouvons là tout simplement une application de ce qui fait le fondement du droit individuel, et c'est précisément puisque l'on a négligé de donner à la femme de quoi fonder ce droit qu'elle en est restée privée si longtemps.

Aujourd'hui elle use largement du droit au travail, trop peut-être car la famille parfois en souffre, mais nous sommes dans une période de tâtonnement. Il appartient aux sociologues, aux législateurs d'aborder et de résoudre, aidés de l'expérience, cette question du travail féminin. Il serait extrêmement désirable qu'il y eût des femmes parmi eux. Quant à moi, qui me contente pour l'instant de suivre la courbe du mouvement féministe, je la vois monter avec celle qui marque les progrès de la femme dans toutes les branches de l'activité humaine, et j'ai plaisir à constater que son point de départ est précisément dans la classe la plus modeste, la plus vertueuse de la nation, la classe moyenne ou petite bourgeoisie.

J'ai trouvé chez un sociologue moderne, Gaston Richard, dans une étude fort intéressante qu'il fit sur la « Femme dans l'histoire » des preuves à l'appui de ma thèse. Le vieux droit coutumier français nous apprend que le régime de la communauté conjugale, qui faisait des conjoints des associés égaux en principe, participant également aux gains, aux pertes et aux charges de la communauté, fut compris non pas par la bourgeoisie des grandes villes, qui de bonne heure copia servilement les usages féodaux, mais par celle des petites villes, par les artisans, les serfs émancipés des campagnes. Et si l'on remonte plus loin encore, la communauté conjugale est fille de la communauté taisible, communauté à *pain et à pot* formée entre les serfs et protégeant, parla perpétuité même de l'association, la famille servile contre le seigneur.

C'est donc une solidarité fondée sur le travail qui s'est substituée dès le début de la formation de la classe moyenne à la solidarité fondée sur des croyances communes, issues dans l'ancienne civilisation de craintes superstitieuses, de sentiments vindicatifs.

Mais qu'aurait pu cette solidarité fondée même sur le travail le plus consciencieux, le plus noble qui soit, si elle n'avait point retrouvé, pour lui donner une âme, un sentiment religieux plus large, plus profond, plus éclairé que celui animant la famille antique.

Ce sentiment religieux, le christianisme l'a révélé et sous son souffle bienfaisant la famille a pu et peut encore renaître ; donnant à chacun au foyer la place convenable, et partant à la femme celle d'une personne, d'un être libre, raisonnable et responsable.

Et si nous revenons à cette première législation du christianisme, alors que l'Église à son berceau préparait son élite, nous y trouvons la femme vraiment libre. Plus de despotisme domestique ni dans la famille du père, ni dans celle de l'époux, mais une merveilleuse unité fondée sur la réciprocité des devoirs. Alors que dans la société païenne, la femme avait surtout des devoirs et l'homme des droits, dans la famille chrétienne ils ont tous deux surtout des devoirs. Et, chose curieuse, il semble que l'Évangile ait pris plaisir à souligner ces devoirs aux hommes pour mieux montrer que ces derniers les avaient laissés dans l'ombre :

« L'homme quittera son père et sa mère et s'attachera à sa femme » (Saint Matthieu, chap. XIX, p. V). Ne semble-t-il pas que les rôles soient renversés ? C'est à l'homme que l'apôtre rappelle ses devoirs.

« Maris, aimez vos femmes comme le Christ a aimé l'Église en sacrifiant sa vie pour elle », dit encore saint Paul (*Ép. aux Éphésiens*, V, 25). Et il ne dit pas : « Femmes, aimez vos maris. »

Qu'est-ce qui amène donc ce changement, cette révolution presque complète dans la constitution de la famille, ce n'est point la voix dure du législateur qui punit les infractions à la loi. Non, le Christ pardonne même à la femme adultère, ce que n'avait point admis Auguste dans ses *Lois sur la pudeur*. Le Christ, par sa voix persuasive et le rayonnement divin de son regard, inspire des sentiments nouveaux qui font que la famille reprend vie et se renouvelle. Une même loi d'amour unit tous ses membres. Aimez-vous les uns les autres, dit Jésus, et alors la femme devient l'égale de l'homme, l'épouse l'égale de l'époux, et cet amour se prolonge dans les êtres qui naissent de cette union, si bien qu'il est impossible à l'égoïsme de faire retour en arrière, à l'amour de se reprendre après s'être donné. Alors même qu'il n'aura plus l'ardeur des premiers élans, il demeurera. Le mariage est indissoluble : « Que l'homme ne sépare pas ce que Dieu a uni. »

Et voilà que disparaissent toutes les tristesses de la famille païenne : abus de l'autorité du chef de famille, droit de vie et de mort sur les enfants, répudiation, polygamie, concubinat ; divorce ; abus de la femme possédant la dot ou l'héritage, luxe effréné, adultère, divorce. Tous les écarts se refrènent dans la douceur d'un même sentiment, l'amour, d'où dérivent tous les autres : amour conjugal, maternel, paternel, si bien que les deux derniers peuvent se substituer l'un à l'autre et que l'autorité maternelle, loin d'entrer en conflit avec l'autorité paternelle, tout particulièrement dans la question de l'éducation des enfants, ne fait que la corroborer, la compléter.

La femme, dans la famille chrétienne, a sa vraie place d'être libre, elle peut donc accepter l'autorité du chef de famille qu'elle comprend et qu'elle aime ; ajoutons que dans la société, hors de la famille, elle a aussi sa place.

Quoi de plus instructif pour notre société moderne que l'exemple de ces femmes épouses-sœurs, comme les appelle saint Paul, qui partageaient les travaux et les fatigues des apôtres? Elles font partie de cette armée de missionnaires qui viennent du fond de la

Judée se mêler au vieux monde romain, tout plein de préjugés et de vices, pour le conquérir au christianisme. Les noms de Priscille et d'Aquila sont inséparables. Les diaconesses occupent une place considérable dans la primitive Église. Elles soignent les malades, visitent les hôpitaux, instruisent les païens, les assistent au moment du baptême. Par ailleurs, de vraies femmes du monde créent des hospices et ouvrent des écoles. L'exemple de Fabiola est dans toutes les mémoires.

A presque vingt siècles de distance nous avons vu des femmes infirmières suivre nos armées, faire croisade contre les Barbares, épouses-sœurs, elles aussi ! Quoi d'étonnant alors si dans nos hôpitaux, elles remplissent cette même mission avec du savoir en plus, des diplômes, la richesse de leur intelligence s'alliant à celle de leur cœur ; si elles ouvrent des écoles pour tous les indigents de l'esprit après avoir passé par nos universités et la discipline des examens et des concours. Pourquoi les arrêter, si pourvues maintenant de tout ce qui fait la valeur d'un être libre : intelligence, force morale et cœur, elles veulent participer à la vie de la cité qu'elles aiment, comme on aime une grande famille, en travaillant à son bon ordre, à sa discipline, à ses lois. Les qualités qui font de la femme une bonne ménagère, pourquoi ne les apporterait-elle pas à ce ménage mal administré qu'on appelle l'État ? En vous disant ce mot, je ne fais que vous rappeler une phrase très judicieuse d'une courageuse féministe de 1848 : Jeanne Deroin, qui revendiqua la première les droits politiques pour les femmes. Au moment des élections de 1849, dans un journal féministe, *la Voix des Femmes*, elle répondait ainsi aux violentes philippiques de Proudhon : « La mission de la femme en dehors de la famille, mais elle est tout simplement d'aider à rétablir l'ordre dans ce grand ménage mal administré que l'on nomme l'État. » Quand la femme revendique ses droits politiques, elle revendique ses droits de ménagère et non de politicienne. Qui sait si la ménagère ne tuerait pas la politique? La phase actuelle de l'évolution du féminisme se déroule donc sur le plan politique ; les droits que la femme cherche à conquérir en ce moment, ce sont les droits politiques. Ces droits acquis, l'histoire du féminisme sera-t-elle close? Je ne le crois pas, car à mesure que la civilisation moderne, et la science surtout par ses découvertes changent la vie, de nouveaux devoirs apparaissent avec de nouveaux droits.

Il y aura toujours des crises du féminisme. A l'heure présente, nous sommes en pleine crise. Il s'agit d'en sortir avec élégance, avec bon sens, en respectant notre condition de femme que la violence de la lutte pourrait nous faire oublier.

Il importe donc avant tout de bien nous connaître dans notre nature intime et dans les lois qui la régissent. La femme, que le sexe a si nettement dotée en certains points d'une âme différente de celle de l'homme, obéit pourtant comme son compagnon aux lois déterminantes du mécanisme social, c'est ce qui explique bien des caractères du féminisme et bien des écarts dont il n'est pas entièrement responsable.

CHAPITRE II

PSYCHOLOGIE GÉNÉRALE DU FÉMINISME ET SES CAUSES

Si la femme obéit aux lois déterminantes du mécanisme social, c'est qu'elle est capable de revêtir elle aussi une âme collective qui se modifie suivant le milieu dans lequel elle évolue ; il est donc à propos de parler d'une psychologie du féminisme. Les féministes entendus comme une collectivité ont une âme tout comme un peuple, tout comme une nation et l'humanité entière ; cette âmeest celle de la femme qui se manifeste surtout quand elle souffre, quand on l'écrase et qu'elle se révolte, faisant une crise. Étudier cette crise, comme il convient de le faire, c'est étudier un cas pathologique de la psychologie féminine.

L'histoire, nous le savons, est pleine d'enseignement pour tout ce qui concerne les manifestations de l'activité collective, il serait donc intéressant de relever ce qu'elle a noté comme symptômes de ces crises, ou plutôt de ces mouvements féministes. Les mouvements féministes corespondent toujours à des violations du droit. Ainsi, en Angleterre, c'est en 1832 seulement que l'on trouve dans le *Reform Act* le premier texte législatif excluant formellement le sexe féminin du droit commun. Jusqu'à cette date, les femmes anglaises, lorsqu'elles étaient d'une certaine classe, avaient le droit de voter au même titre que les hommes. Le texte de 1832 fait ajouter simplement au mot « personne » l'adjectif « mâle » et restreint ainsi le droit de vote au sexe masculin. Une Anglaise, Mme Stopes, dans une petite brochure d'une soixantaine de pages intitulée : *The Sphere of man in relation to that of woman*, avec une pointe d'humour explique plaisamment la chose :

« On n'a pas suffisamment compris, écrit-elle, que la cause profonde des incapacités actuelles de la femme vient d'une imperfection de la langue anglaise. Il lui manque un mot en effet pour distinguer entre *man*, *homme*, désignant les humains en général et *man*, *homme*, désignant spécialement le sexe fort. Les hommes de loi du dix-neuvième siècle ont décidé que le mot homme comprend toujours le sexe féminin quand il s'agit de pénalités encourues, et qu'il ne comprend jamais le sexe féminin quand il s'agit d'un privilège à exercer. » Cette boutade, qui ne manque ni d'esprit, ni d'à-propos, a de plus le mérite de mettre en lumière ce qui constitue la véritable cause du féminisme : la violation des droits de la femme, en tant que personne humaine. Il est facile du reste de voir comment cette cause continua de jouer en Angleterre, entraînant chaque fois et nécessairement des réactions violentes. Après la réforme du texte général, c'est la réforme des lois en particulier qui ne fait qu'accen-

3

tuer la faute. En 1835, la même modification de texte est introduite dans la loi sur l'organisation municipale ; les femmes sont ainsi privées des droits dont elles avaient joui dans certaines communes. Un autre texte enlève aux veuves le droit qu'elles avaient acquis sur le tiers de la propriété de leurs maris, tandis que ces derniers obtiennent celui de disposer par testament de la totalité de leur héritage. C'est partout le recul entraînant la réaction. La femme, qui ne s'était point rendu compte jusqu'alors qu'elle avait certains droits électoraux, jeta les hauts cris dès qu'elle ne les eut plus. Elle se défendit par des brochures, des feuilles de propagande. Enfin elle enrôla pour la défendre des hommes, des philosophes... etc. Stuart Mill en 1860 se fit leur porte-parole : il présenta à la Chambre la première pétition féministe ; l'année suivante, il demanda que l'on effacât dans les lois électorales les mots qui pourraient être interprétés de manière à restreindre le droit de vote aux mâles, et comme cette proposition fut rejetée, il en revint aux principes qu'il proclama très haût dans cet admirable petit traité publié en 1869 sur *l'Assujettissement des femmes* : « Je crois, écrit-il dans cet opuscule, que les relations des deux sexes qui subordonnent un sexe à l'autre au nom de la loi sont mauvaises en elles-mêmes et forment aujourd'hui un des principaux obstacles au progrès de l'humanité. Je crois qu'elles doivent faire place à une égalité parfaite sans privilèges pour un sexe, sans incapacité pour l'autre. »

En France, Condorcet se fit le porte-parole du féminisme. Avant la Révolution, il écrivait déjà dans ses *Lettres d'un bourgeois de New-Hawen à un citoyen de Virginie*, cette phrase significative : « N'est-ce pas en qualité d'êtres sensibles, capables de raison, ayant des idées morales, que les hommes ont des droits? Lesfemmes doivent avoir exactement les mêmes. »

Si Condorcet, pour défendre les droits légitimes des femmes, employa lui aussi un langage énergique, c'est que la violation de ces droits autrefois reconnus s'était produite chez nous comme en Grande-Bretagne. Nous eûmes nous aussi, dans un temps assez lointain, c'est vrai, des privilèges électoraux. Un savant historien de l'ancienne France, M. Paul Viollet, note des faits qu'il est intéressant de rappeler :

« Dans les premiers siècles du moyen âge, les femmes des plus hauts personnages, empereurs, rois ou grands feudataires, ont souvent joué un rôle politique ou administratif, partagé les travaux de leur mari, suppléé ce mari », et il fait allusion au temps de Grégoire VII et d'Urbain II, à l'histoire de la fameuse Mathilde de Toscane.

« Reines, duchesses ou comtesses ne sont point les seules femmes qui se mêlent, en ces temps-là, aux affaires publiques, ajoute-t-il. Si j'étudie, par exemple, les origines des Trêves de Dieu, je constate que, dans une des grandes assemblées populaires, sortes de conciles mi-civils, mi-ecclésiastiques, qui organisèrent des paix ou trêves, figurèrent non seulement des laïques, mais aussi des femmes. A la même époque nous rencontrons, dans les sphères supérieures, des dames de haut rang qui président des cours de justice ; dans les sphères inférieures, des femmes qui sont investies des droits de basse justice : elles sont « mairesses ».

« Innocent III, en 1202, se préoccupe de ces coutumes, contraires au droit romain : il en reconnaît l'existence régulièrement établie chez nous, et même il confirme une sentence prononcée par la reine de France, laquelle avait été prise comme arbitre entre deux couvents. Cette reine était Ingeburge de Danemark, épouse de Philippe-Auguste.

« Le rôle politique des femmes devint plus rare au quatorzième siècle et dans les siècles suivants, mais ces usages ne disparaissent pas subitement. En 1315, Mahaut, comtesse d'Artois, pairesse de France, siégea avec les pairs et onze autres grands seigneurs. En 1378, deux pairesses croyaient encore nécessaire de s'excuser de n'avoir pu assister à la séance du Parlement du 9 décembre. Aux États provinciaux du Limousin réunis en 1486, figure, dans les rangs des nobles, une femme : Mlle Dorval.

« En 1308, lors des élections aux États généraux de Tours, les femmes de Ferrières, près Beaulieu, en Touraine, se réunirent aux hommes pour la désignation d'un député.

« Dans les assemblées communales réunies pour les élections aux États généraux de 1560 et de 1576, on voit figurer des veuves ou des filles. »

Et l'historien qui note ces faits pour nous significatifs, lorsqu'il en vient à parler du suffrage universel, s'exprime ainsi :

« Je tiens que ce suffrage nous ramènerait tout simplement à des usages très anciens, usages qui, certes, ne furent point universellement adoptés, mais qui furent en vigueur dans divers pays et qui ont trouvé, dans le treizième siècle, un théoricien considérable. Les contemporains l'avaient surnommé le

« Père du droit », c'était même le père des fidèles, il s'appelait Innocent IV. »

Eh bien ! ce que le père des fidèles aurait accordé sans difficulté comme une conséquence du droit naturel, on hésite à nous le rendre. Au lendemain de la guerre cruelle qui a fait tant de veuves parmi nos femmes françaises et révélé tant d'énergies dans leurs rangs, M. Maurice Barrès revendique pour elles à la Chambre le droit de vote que leur avaient accordé les États généraux de 1560 ; il n'est pas écouté.

Il n'y a pas lieu de s'étonner alors qu'il y ait crise, et que les femmes en révolte aient demandé le droit de suffrage intégral. Elles ont réagi suivant les lois du mécanisme universel. Si donc les législateurs désirent conjurer ces crises, qu'ils changent leur manière, qu'ils ne procèdent plus par voie de compression brusque, l'âme de la femme, très élastique, réagira, elle aussi, de façon brusque. Elle réagira d'abord parce qu'elle veut vivre, et qu'en la privant d'une partie de ses droits, on la frappe de mort partielle ; elle réagira aussi suivant son état du moment, et voilà pourquoi le féminisme revêtira des caractères très différents suivant le milieu, le pays où il éclate.

CHAPITRE III

LE FÉMINISME DU NORD ET LE FÉMINISME DANS LES PAYS DE RACE LATINE

Les femmes, quoi qu'on en dise, ne se ressemblent point toutes. Quand on nous ferme la bouche, en nous lançant ce mot un peu méprisant, même avec un sourire : « Vous êtes bien femmes », on nous jette toutes comme des œufs dans le même panier. C'est une erreur, nous ne sommes pas toutes dans le même panier ; à preuve, c'est que la casse ne se fait pas en même temps ni de la même manière chez la femme du Nord que chez la femme latine.

La femme du Nord réagit à fond, la femme latine à demi. Elle est trop hantée par le souvenir de sa gloire passée, alors qu'elle jouait un rôle de tout premier plan à l'arrière, pour ne point redouter d'en jouer un très secondaire, pour un temps au moins, lorsqu'elle sera mise à l'avant. La femme du Nord n'a point à compter avec cet atavisme de préjugés, rien à perdre non plus à se mettre au premier plan. Dès lors, bien que, de part et d'autre, la femme réagisse au nom des mêmes principes, cette réaction chez nous manque d'efficacité. C'est aussi que nous livrons double bataille, d'une part contre l'injustice sociale, de l'autre, contre nous-mêmes, contre ce que l'on appelle notre féminité, celle que des siècles de courtoisie galante ont développée. On nous a tant vanté notre charme fait de faiblesse et de fragilité, que nous craignons de le perdre dès que notre personnalité s'affirme. A ce point de vue nous faisons souvent de douloureuses expériences, nous les anciennes, lorsqu'il s'agit d'orienter les jeunes. Hésitent-elles à entrer résolument dans une carrière parce qu'elles craignent d'y perdre l'amour et les joies saines et véritables que l'on éprouve à fonder un foyer, nous hésitons nous aussi à leur faire courir le risque d'un si grand sacrifice. Pourtant, nous le leur conseillons, lorsque nous sentons s'éveiller en elles, au contact de notre âme, de belles et riches natures de femmes, profondément humaines, et puis tout au fond de nous-mêmes, nous avons cette ardente conviction qu'il n'est pas vrai, pas juste, ce dilemme que la femme se pose et sous une forme si dure depuis longtemps : être quelqu'un et faire sa vie seule ; ou bien n'être personne que la femme d'un homme et ne valoir que par lui.

En principe, ce raisonnement repose sur l'ambiguïté des termes. Est-il vrai qu'il n'y ait qu'un amour possible pour la femme, un amour de soumission ; ou bien en est-il un autre plus élevé, plus rare, mais bien autrement généreux, celui où, dans un don conscient, voulu, deux personnalités de même plan s'échangent ?

La réponse n'est point douteuse. Le véritable amour n'existe qu'à ce plan d'élévation morale et demande aux deux êtres qui l'éprouvent un développement complet de leur personnalité. Mais les faits ne sont-ils pas là pour démontrer combien cet amour est rare, et, telle qu'elle est, notre société ne prépare-t-elle pas bien des mécomptes à celles qui vivent ainsi sans se préoccuper de sa navrante médiocrité? Voilà ce qu'inconsciemment, beaucoup des nôtres pressentent lorsqu'elles hésitent à s'engager dans la voie d'une libre activité. La femme latine tient trop à l'amour pour ne pas redouter de le perdre en déplaisant à l'homme. Or, elle sait pertinemment que lorsqu'il s'agit d'amour, il est le plus fort et ne veut pas évoluer. Il en est toujours à jouer pour elle le même air de guitare, et la voix de l'amant, malgré tout harmonieuse et tendre, lorsqu'il aime et veut se faire aimer, la séduit encore, même lorsqu'elle est féministe et veut évoluer.

Si donc la marche de notre féminisme en regard du féminisme du Nord se fait si lente, ne cherchons point d'autre cause que notre psychologie même. Nous sommes toutes plus ou moins des amoureuses, mais des amoureuses trompées. Notre civilisation et notre littérature ont à porter tout le poids de la faute. Dans les pays du Nord, la civilisation n'a point doré les barreaux de la cage où la femme est enfermée, aussi cette dernière échappe-t-elle au redoutable dilemme. Elle est pour l'homme avant tout une épouse, une mère. Son importance est surtout biologique comme dans les sociétés primitives. L'homme reconnaît en elle une force de la nature, mais sait aussi l'apprécier dans l'aide qu'elle lui prête dans ses travaux lorsqu'il les quitte pour faire la guerre. C'est elle alors qui fait fructifier la terre, l'administre et, quand il revient, après s'être battu, non pour lui plaire, mais pour défendre le sol auquel il tient, comme elle, par toute sa race, il ne songe guère à lui reprendre le sceptre de sage économe, d'industrieuse ménagère qu'elle tient si ferme dans la main. Elle a, durant son absence, fait valoir la terre, elle a fait ensemencer le sol, récolter le grain, distribuer à tout un petit peuple le pain... Elle a joué le rôle de maître sans en abuser ; on lui obéissait. Elle vivait alors pourtant sous le régime rigoureux du patriarcat. D'où vient que ce régime ne lui fut pas contraire? Tout simplement, parce qu'il s'exerçait dans un pays agricole, où la seule richesse était la terre. La femme y avait une part de souveraineté nécessaire sans qu'il fût besoin pour elle de gagner l'homme par d'autres moyens ; aussi, lorsque l'antagonisme entre les deux sexes éclata (et il n'éclata que lorsque l'émigration se fit des campagnes vers les villes), la réaction se fit brutale, violente, au nom des principes. Il y eut féminisme d'idées et non point de sentiments. La femme du Nord n'avait point connu les libertés du cœur, car elle avait échappé au régime dangereux de l'amour courtois, qui amollit les volontés, favorise la casuistique des sentiments et les faux raisonnements. Bien au contraire, elle avait goûté la force des idées. Le philosophe de Kœnigsberg, avec sa morale austère, son impératif catégorique qui n'admet point de demi-mesures, était bien le législateur qu'il fallait à ces femmes encore rudes, essayant, mais en vain, de copier la manière française de notre dix-huitième siècle dans les modes et dans les salons. L'amour dans les pays du Nord ne parle point le langage de notre galanterie française, il est chose brutale ou grave. Il ne connaît point la coquetterie, cet art d'aiguiser le désir et de plaire ; partant, il n'éveille point le génie de la mode que fait naître ce désir de plaire chez la femme avec le goût de la parure. L'amour ne sera donc point un obstacle à la réaction complète et ferme de la femme du Nord contre un état social où elle ne trouve pas logiquement sa place. Sa réaction sera d'ordre moral.

Un exemple frappant, le théâtre va nous le fournir. Je le choisis dans cette fameuse pièce de Bjœrnson intitulée *Un gant*, qui fit tant de bruit en Suède au cours du siècle dernier. Elle marque un peu brutalement peut-être, mais très nettement, la forme que revêtirent alors les premières revendications féministes.

Le personnage principal de la pièce est une femme, Svava Ries ; elle est fiancée à Alf Christiensen, un homme de caractère moyen. Svava Ries est précisément de cette génération de femmes qui savent raisonner avec la logique des idées, non plus avec celle des sentiments où la règle morale trop souvent se tourne et se retourne en mille replis tortueux.

La cause de son amour est d'ailleurs une attirance d'ordre moral, elle l'explique à son père dans une scène d'une audace inouïe, en lui racontant une de ses premières entrevues avec son fiancé :

— Il me parla de révolution sociale, et en parla avec conviction, avec chaleur ; il me dit ce qu'il pensait de la fortune et cela me sembla si inattendu, je dirai même si nouveau en quelque sorte... Tu aurais dû voir comme il était beau en disant cela.

— Hum ! beau, beau !

— Il avait l'air si convaincu, si honnête, si chaste..., parfaitement, j'ai dit « chaste ».

— Qu'entends-tu par « chaste »?

— J'entends, j'entends... ce que le mot veut dire...

— Je te demande justement ce que tu penses que le mot veuille dire?

— Mais je pense que le mot veut dire... ce qu'on veut lui faire dire généralement, qu'on l'applique à moi ou à lui.

— Alors tu penses que le mot signifie la même chose, qu'on l'applique à un jeune homme ou à une jeune fille?

— Naturellement.

— Et tu crois que le fils de Christiensen?...

— Père, c'est une insulte. *(Elle se lève.)*

— Tu as l'air de prendre la chose bien à cœur, comme si.... Allons, viens t'asseoir ici ! D'ailleurs, comment peux-tu savoir cela, toi?

— Savoir quoi?

— Savoir si chaque homme...

— Comment je peux savoir si l'homme

qui est là devant moi, l'homme qui passe est un ignoble et impur animal ou vraiment un homme?

Cette revendication de l'unité de lamorale qui n'est qu'une conséquence logique des principes mêmes de la morale basée sur la valeur de l'être humain en soi, mais c'est pour Ries, le père de la jeune kantienne, le joueur, le vieux beau, l'homme coquet, non seulement une sottise, mais une plaisanterie dangereuse et Christiensen, le beau-père partage cette opinion.

Écoutons-les tous les deux.

Christiensen, le premier, s'exclame :

— Mais voyons, là, entre nous, qu'est-ce que votre fille veut dire avec toute cette histoire?

— Rien. Elle veut... elle veut... enfin elle voudrait que nous aussi, nous...

— Nous... mais nous quoi?... Qu'est-ce qu'elle voudrait?

— Moi... comme une femme... comme une jeune fille...

— Quoi? Elle veut que les hommes soient comme les jeunes filles?...

— Oui!

— Aussi bêtes qu'elles.

— Absolument.

Christiensen, pouffant de rire :

— Mais, ah! çà. Voyons, vous vous moquez de moi... Mais songez donc, mon cher, que ce serait alors jeter le discrédit sur toute une classe de la société, la plus puissante, la plus riche, car c'est bien celle-là qui est en jeu... tous enfin, du moins, tous ceux qui ne suivraient pas les théories de Mlle votre fille... ah! tenez, on veut tant faire au nom de la morale qu'on finit par tomber dans l'immoralité.

— Je suis absolument de votre avis.

— Je sais bien. Mais cela ne tient pas debout, prenons un exemple : que deviendraient les grandes villes, si on écoutait de pareilles théories, elles qui ne vivent guère que par le vice. Non, sérieusement parlant, je ne vous conseille pas d'entrer dans cette voie, cela ne vous amènerait que des ennuis.

Et voilà étalé, sous une forme un peu grossière peut-être, le cynisme inconscient dont vit depuis des siècles une société basée sur un Code qui refuse à la femme ses droits d'être libre, sans qu'elle se fût révoltée.

Les deux mères supportent en effet, sans rien dire un état de choses qu'elles n'ont point créé, l'une parce qu'elle essaie d'en goûter les bénéfices, l'autre parce qu'elle n'a pas la force de se récrier.

Mme Christiensen mange force gâteaux, boit du champagne et se console ainsi d'être trompée par son mari.

— D'ailleurs, il ne faut pas être trop exigeant avec les hommes, dit-elle, car les maris qui font un peu la noce, ce sont les plus agréables ; au fond, ma chère, vous ne pouvez pas nier cela.

Mme Ries, de lui répondre :

— Et puis ils vous donnent bien plus facilement tout ce qu'on leur demande.

Puis tout à coup se révoltant :

— Pourtant, si nous étions ce que nous devons être, nous les enverrions promener avec toutes leurs gentillesses, car nous savons ce qu'elles nous coûtent !...

Aussi, lorsque le drame éclate, lorsque Svava brise tout parce qu'elle connaît le passé de son fiancé, une scène douloureuse entre la mère et la fille dégage merveilleusement l'injustice sociale dont la femme depuis des siècles porte le poids dans le mariage. La fille se révolte avec une âpreté presque sauvage contre cette mère trop résignée, qui lui a caché la vérité ; et la mère, dans un cri de douleur sublime, lui explique la raison de cette résignation. Cette scène poignante, d'une vérité tellement humaine, vaut encore d'être citée :

— C'est donc à cela que vous pensiez, s'écrie Svava, lorsque vous me disiez d'être patiente, de me courber? C'est donc là qu'il faut en venir pour vivre dans votre société?

— Svava !

— Oui, c'est à cela qu'il faut s'habituer,

c'est la règle. Oh ! elles sont jolies vos mœurs ! Et si nous ne voulons pas avoir à nous plaindre, il ne nous reste qu'un moyen, c'est de faire comme eux.

— Voyons, Svava !

— Et dire que je n'avais rien su, rien compris... j'étais là comme une enfant, je voulais voir clair, je ne pouvais pas... On doit pourtant pouvoir se révolter quand on veut. Mais toi, mère, pourquoi n'es-tu pas partie dès le premier jour? Pourquoi es-tu restée? Oh ! ce que tu as dû souffrir ! oh ! je ne te comprends pas.

— Ne dis pas cela, Svava.

— Non, je ne te comprends pas... Tu penses à père, peut-être? Oh ! tiens, ne me parle pas de père. *(Elle éclate en sanglots.)*

— Il faut y avoir passé soi-même pour comprendre ! Pense à tout ce que j'ai souffert, à tout ce que j'ai supporté, à toutes les bassesses qu'il m'a fallu faire pour arriver à ce que personne ne se doutât de rien. Je n'avais qu'un désir, qu'une pensée, tout le reste n'était plus rien.

Et comme Svava lui reproche cette résignation coupable, alors la pauvre mère, lentement et très bas, lui révèle le pourquoi de sa honte acceptée :

— Et si c'était pour ma fille que j'avais supporté tout cela?

Svava, terrifiée, tombe dans les bras de sa mère :

— Oh ! mère, mère !... Et moi qui? oh !...

— Tais-toi... Tu étais si petite alors... et la pensée de m'en aller ainsi toute seule, de te laisser... je n'ai pas osé.

— Oh ! tais-toi, mère, tais-toi !...

Et elle s'agenouille auprès de sa mère, la tête cachée dans ses genoux.

Mais si Svava a compris la sublime résignation de sa mère, elle n'en est que plus révoltée contre celui qui l'a trompée moralement, elle ne signera pas un contrat où les deux contractants n'ont point part égale, elle se défendra au nom du sentiment de justice, ce sentiment qui ferait la force des femmes si elles savaient le cultiver, contre l'amour, l'amour physique qu'elle a éprouvé comme toute autre femme.

Après la scène violente où elle vient de traiter son fiancé d'hypocrite en lui jetant à la face toute la honte de sa conduite passée (il a séduit la dame de compagnie de sa mère, lui donnant un enfant dont le malheureux mari, à bon droit, le soupçonne d'être le père), forte de sa conscience, elle résistera aux dernières tentatives du séducteur. Un chant se fait entendre, un chant évocateur, Alf Christiensen s'écrie :

— Tu pars juste au moment où ce chant vient nous rappeler encore tout ce que nous avons vécu tous ces jours. Ce n'est pourtant pas un rêve, tous ces projets que nous avons faits ensemble, toutes ces conversations, toutes ces longues heures de bonheur passées à côté l'un de l'autre? Et tu aurais le courage de dire adieu à tout cela? Moi, je ne puis pas... C'est impossible !

— Impossible? Et l'autre? Est-ce que cela a été impossible? Non, tu as beau dire et beau faire, je ne comprends pas.

— Est-ce que nous n'avons pas deux natures?

— Deux?

— Tu le sais aussi bien que moi. Il y avait en nous une affinité de sentiments qui nous attirait, et cela était si fort que nous ne faisions plus qu'un... Oui, hier encore, toi-même, tu me l'as prouvé, tu étais là, tu rougissais, tu tremblais rien qu'à m'entendre dire que ton bras s'était enlacé autour de mon cou, et jamais, jamais autour d'aucun autre!

Et comme il va pour la prendre dans ses bras, Svava s'écrie avec mépris :

— Et ton bras où a-t-il été, dis? Oh! tiens! *(Elle lui jette son gant au visage.)*

La nature égoïste de l'homme, dont la force physique assure les conquêtes et l'empire sur le sexe faible, se révèle merveilleusement dans cette scène. La force morale, incarnée dans Svava, tient pourtant cette force physique en échec. On ne pouvait mieux poser le problème du féminisme sous sa forme précise et complète, ni mieux le résoudre, et voilà pourquoi je me suis attardée à l'analyse de cette pièce, si poignante et si forte. La scène française pourtant ne pouvait pas l'admettre, la femme latine n'étant point encore prête pour ce féminisme de principes et d'idées morales.

Et puis l'on pourrait objecter que les héroïnes de Bjöernson, ces intransigeantes kantiennes, ne sont plus femmes. La sensibilité est chez elles tout intellectuelle, elles ne s'enthousiasment que pour la loi morale. Écoutez ce cri de Magnhild, une autre création de Bjöernson, de la même famille d'âme que Svava. Son mari plaisante son formalisme excessif dont les idées ne sont que des sottises, puisque la Bible n'en contient pas un mot, dit-il.

— C'est possible, répond-elle, mais si ce n'est pas écrit dans la Bible, c'est écrit ici, et elle désigne son front.

Quoi qu'on en puisse dire, il y a de la grandeur chez ces premières héroïnes féministes du Nord, elles ont posé la question de l'égalité des sexes sur son vrai terrain : le terrain moral. Elles l'ont résolu *a priori*, voilà le seul reproche que l'on peut leur faire ; mais leur féminisme est noble, il est bien la réaction de l'être humain dans ce qu'il a de plus élevé, de plus respectable.

Tout autre psychologiquement est la réaction de nos premières féministes françaises. Elles garderont leurs faiblesses même dans leurs plus violentes colères. Elles seront plus femmes, dira-t-on, si tant est que la féminité réside tout entière dans la faiblesse, la jalousie, la ruse.

Voici maintenant cette même thèse soutenue par Alexandre Dumas dans la pièce de *Francillon* que vient de reprendre avec tant d'à-propos la Comédie-Française. Cette pièce fit sourire à son apparition, elle parut même un tantinet ridicule. Une morale identique pour l'homme et pour la femme, quand des siècles ont consacré des coutumes toutes contraires ! De tels principes pouvaient convenir à des pays barbares, à des pays protestants de morale austère ; mais à des pays latins, jamais. Le gant de Svava, considéré comme symbole des revendications de l'unité de la morale pour les deux sexes, fit fureur dans les pays du Nord. Les jeunes filles l'envoyaient à leur fiancé, non sous la forme d'un gant, mais du précieux petit livre qui contenait dans ses feuilles la thèse qu'elles considéraient comme la plus sacrée. Je ne conseillerais pas aux jeunes filles d'aujourd'hui d'adopter ce symbole. Il ne serait pas compris, pas plus que ne le fut Francine quand Alexandre Dumas la présenta au public. Depuis, un progrès réel s'est accompli, puisque le public d'aujourd'hui accepte cette thèse sans rébellion. Est-ce que nos préjugés commenceraient de disparaître? En tout cas, il est bon, pour le sujet qui nous occupe, d'examiner de près ce que vaut ce féminisme de Francine, une Parisienne très femme, en regard du féminisme d'une kantienne.

Francine s'est mariée sous la foi du serment, du serment de fidélité mutuelle. Ce serment fut prononcé par elle et son époux, Lucien de Riverolles, devant témoins. Or, qu'arriva-t-il après une première année de mariage toute d'enchantement? Un enfant vint au monde qui aurait dû resserrer le lien, le mari en profita pour le desserrer et reprendre sa liberté. La femme, absorbée par le cher petit être, est retenue au foyer, toute à sa double fonction de nourrice et de mère. La fonction de père n'ayant aucune de ces exigences naturelles et sacrées, l'époux s'évade, retourne à son cercle, passe au dehors, chez d'anciennes amies, une partie de ses nuits. Il ne commet peut-être pas la faute d'aimer ailleurs, mais il commet celle de ne plus aimer ; j'entends par là, de reprendre sa tendresse par égoïsme, tandis que sa femme ne la reprend point. Elle l'a donnée une fois pour toutes entièrement et généreusement.

Que va-t-il se produire alors, chez l'épouse amoureuse abandonnée? Une réaction, violente, passionnée, mais notons-le bien, une réaction de sentiment, de sentiment trahi qui se venge, et l'antagonisme des sexes naît, cette fois, de la logique du cœur. Voilà comment la femme raisonne : pourquoi l'homme a-t-il une morale spéciale, tandis qu'elle met en pratique la morale tout court? C'est une infamie, une injustice, et Francine revient, elle aussi, comme Svava, aux principes, mais elle n'y revient qu'après l'épreuve, qu'après le choc douloureux de sa sensibilité. Svava est plus sage, elle y pense avant le mariage. Les Svava ne trouveront peut-être pas de maris, mais les Francine auront de mauvais maris. La conclusion est aussi douloureuse dans un cas que dans l'autre, et dans un tel état social la femme a raison de se défendre et son féminisme doit avoir gain de cause.

Pourtant, il y a manière et manière de se défendre, et celle de Francillon n'est point sans soulever bien des objections. Vous savez ce qu'elle fait après l'abandon, elle applique rigoureusement la loi du talion, œil pour œil, dent pour dent, mais non sans avoir averti loyalement son époux. Il quitte son foyer, se désintéresse de sa femme et de son enfant, elle fera de même. Pasà pas, comme l'esclave suit son maître, elle suivra son époux, endossera comme lui un habit de mascarade, se fera courtiser en cabinet particulier par un inconnu, tout près de l'infidèle ; elle poussera le raffinement de la vengeance jusqu'à commander le même menu, qu'elle paiera magnifiquement comme une grande dame. Puis de retour chez elle, devant son époux, bien en face, elle criera sa faute, pour que l'homme se réveille avec son instinct de mâle, qu'ont consacré, comme un droit, de longs siècles de privilèges. Il souffrira par vanité, aussi par orgueil, et la femme sera vengée. Et voilà comment les Francine, et il y en a beaucoup, reviennent aux principes mêmes du féminisme : l'unité de morale pour les deux moitiés du genre humain.

Mais quelle est donc cette morale, qui fait que la femme ainsi s'abaisse, elle, la gardienne du foyer, qu'elle partage la corruption de l'homme au lieu de le relever? Ce n'est plus du féminisme, c'est du masculinisme. Eh ! oui, je le reconnais, mais ce fait s'explique par une loi psychologique dont nous étions condamnées, nous, femmes latines, à faire jouer plus que toute autre femme, le dangereux mécanisme : c'est la loi de contagion. Trop amoureuses, trop courtisées aussi, pour ne point plier sous le joug de l'homme qui, tout à la fois, nous adore et nous domine, nous devions subir fatalement la contagion de son immoralisme ou, si vous aimez mieux, de son amoralisme. Vous savez quelle est, en général, la morale de ces messieurs dans un certain monde, ce monde d'oisifs, que vise tout particulièrement Dumas dans sa satire, et dont les principes se sont singulièrement vulgarisés depuis des années dans tous les milieux, dans toutes les classes. Ces règles de morale sont très relatives, en amour surtout, où il faut la pleine liberté d'aimer où et quand il vous plaît. Cette morale de l'homme avant le mariage reste encore la sienne après le mariage ; il ne connaît qu'un principe, celui de l'honneur, traduisez en langage égoïste et utilitaire l'art de bien mentir et de ne pas tromper ouvertement.

Comment la femme, sans autre formation que celle d'une culture superficielle, sans aucun idéal, ni moral, ni religieux, aurait-elle pu résister à cette contagion de tous les instants?... Elle fut gagnée, elle aussi, par le microbe de la libre jouissance. Elle voulut à son tour pleine liberté dans l'amour. Si l'adultère est permis d'un côté, il doit être permis de l'autre, et alors à quoi bon le mariage, à quoi bon promettre une fidélité que l'on sait d'avance ne devoir point tenir, et l'on en arrive aux théories de l'amour libre, du divorce, à toutes ces revendications que les hommes reprochent si aigrement à certaines féministes (qui les professent en effet), alors qu'ils devraient sincèrement se les reprocher à eux-mêmes et reconnaître en toute sincérité que la femme leur rend intégralement la monnaie de leur pièce ; ils n'avaient qu'à réfléchir avant de la leur donner.

Non, ces théories ne sont point celles de la femme en général, et c'est à tort qu'on en fait l'essentiel du féminisme. La femme, par nature, n'est point polygame, candidate aux amours successifs. Être de concentration, de stabilité dans l'amour, par les fonctions mêmes que lui réserve la nature, elle est portée au maintien du foyer. Lorsqu'elle revendique ses droits à l'amour libre, elle se déféminise, elle interprète mal ce besoin de liberté qu'elle porte en elle, comme tout être moral, et croit qu'il n'est qu'une liberté, celle dont son compagnon lui donne la triste image. Élève docile, grâce à sa merveilleuse puissance d'assimilation, elle ira jusqu'au bout de l'application des principes de celui qui la domine ; comme lui, elle revendiquera le droit d'avoir un passé.

Et voici la thèse que soutient encore Dumas, dans sa pièce de *Denise*, avec une logique admirable. Denise a un passé, un passé d'amour déçu, et elle porte, courageuse et digne, le poids de sa faute ; la société ne lui en tient aucun compte, la société l'accable dans la personne d'un homme qui pourtant l'aime profondément, mais pas assez généreusement pour accepter ce fait qu'elle a aimé un autre homme avant lui, et qu'elle n'est plus la vierge pure qu'un grand amour réclame.

Pourquoi, s'écrie-t-il dans un moment de jalouse rage, « a-t-elle toutes les distinctions d'une grande dame et toutes les apparences d'un ange, si elle a commis une faute? » Et son ami de lui répondre à la manière de nos héroïnes du Nord : « La vérité, la vérité absolue, voulez-vous la savoir?... c'est de respecter la première femme que l'on a connue et aimée dans toutes les femmes que l'on rencontre ensuite, c'est de ne pas les faire déchoir si elles sont en haut, c'est de ne pas les abaisser encore si elles sont en bas ; c'est de n'associer à sa vie et pour l'éternité, qu'une seule femme, celle qu'on épouse, et de n'avoir qu'une raison dans le mariage : l'amour. La voilà, la vérité. Tout ce qui prend ce nom et n'est pas cela a été inventé après coup pour les besoins d'une société plus ou moins élégante et dissolue. » On ne peut être plus éloquent, plus profondément vrai que ce Thouvenin qui met en pleine lumière la cause psychologique du mal et aussi le remède. C'est l'unité de la morale qu'il requiert parce que la conscience humaine n'a point de sexe, ni de classe... « Vous avez un autre code que nous, ajoute-t-il en regardant son ami bien en face, mais vous n'avez pas une autre conscience. »

Dans ce sens, Thouvenin est un vrai féministe, un féministe raisonnable, un féministe chrétien ; le féminisme, pour lui, est l'égalité des droits, mais appuyée sur la vraie valeur humaine, qui nous fait tous fils d'un même Dieu, ayant part égale à son héritage, si par notre effort moral nous le méritons. Un sentiment de pitié, de pitié à la manière de Tolstoï, est peut-être à la source de son féminisme, mais peu importe, puisque ce sentiment s'analyse assez profondément pour saisir la cause de notre misère humaine. Nehkludov pardonne à la Maslowa ses pires déchéances, parce qu'il fut cause de sa première chute.

Que le sexe fort, à l'instigation de Thouvenin, fasse donc son examen de conscience au lieu de vociférer, comme il le fait, contre le féminisme maladroit de certaines femmes, car elles ne sont point entièrement responsables. Elles ont pour excuse d'avoir manqué d'éducation, ou plutôt d'avoir subi la contagion de la moralité masculine et le poids d'une hérédité de siècles de civilisation qui semblent avoir pris à tâche d'endormir leur conscience.

Nous payons, dans nos pays latins, des siècles de courtoisie et c'est ce qui fait la faiblesse de notre féminisme ; il est sans force parce que sans principe. La femme ne peut pas de gaieté de cœur, à moins d'être forgée à nouveau par une solide éducation morale, renoncer sans regret à ce qui pendant des siècles fit son empire. Ses yeux sont toujours attirés par le mystère des vieux châteaux moyenâgeux, aux fenêtres en meurtrières, où l'amant se hissait la nuit par des échelles de soie ; ses oreilles toujours attentives aux chansons de l'aube, au cliquetis des vers sonores et spirituels de l'Arétin. En ce beau temps de la Chevalerie et de la Renaissance, le féminisme, c'est-à-dire l'empire de la femme, s'établissait sans heurt, sans réaction brusque, la contagion se faisait sur les cimes où le beau était la règle et tenait lieu du bien.

Des princesses vécurent ce rêve, elles furent parfois exquises, elles furent belles, nobles de cœur et d'esprit, elles surent inspirer l'amour, l'amour pur : une Vittoria Colonna fut aimée platoniquement par un des plus grands artistes de son temps, mais elles furent une toute petite élite. L'amour ne fut pas toujours platonique, les mœurs de la cour des Valois en font foi. Les hommes ne gagnent pas plus à se féminiser que les femmes à se masculiniser. Le féminisme de la Renaissance aboutit à un échec, les hommes s'amollirent et les femmes se corrompirent.

Et pourtant ce passé, prodigieusement beau et séduisant de notre race, hante encore nos cerveaux de femmes latines, il dort dans notre inconscient, mais remonte en pleine lumière à chaque période de crise et porte tout le poids de nos fautes. Ne nous décourageons donc pas si nous sommes encore pleines de faiblesses, mais regardons-les bien en face avec ceux qui surent nous étudier. Les psychologues, les auteurs dramatiques sont nos amis, car ils soulèvent le voile de cet inconscient qui nous trompe ; à ce titre, je n'en connais pas de meilleur que notre spirituel et gai observateur, Maurice Donnay, lorsqu'il mit en scène, dans ses *Éclaireuses*, les premières féministes. Ses féministes ne sont point des anges, elles sont encore très femmes au sens étroit du mot, très préoccupées de l'amour et de ses réalités matérielles et terrestres, et leur volonté de s'émanciper n'est qu'une demi-volonté. Toutes sacrifient plus ou moins inconsciemment à leur atavisme d'esclave de l'amour de l'homme, et c'est ce qui fait leur excuse. L'héroïne principale, Jeanne Dureille, est plus délicate, plus fine que les autres, elle lutte avec plus de crânerie et c'est ce qui la rend si sympathique, mais elle ne sait rien de son âme profonde ; sa psychologie est bien celle de la femme latine avec l'hérédité de la *dame* si chère aux *chevaliers* ; elle en a les finesses, les faiblesses, la subtile dialectique qui n'est que celle du cœur, alors qu'elle croit obéir à la raison. Son féminisme est une crise qui paraît d'ordre intellectuel, mais qu'on ne s'y trompe point, il n'est que sentimental. Vous connaissez le sujet, je vous le rappelle en deux mots : Jeanne Dureille est mariée à un homme qui brasse des affaires, un industriel, intelligent, d'une certaine manière, quand il s'agit de son métier. Il ne rêve qu'organisations financières, c'est-à-dire augmentation de fortune, et ce sont des chiffres qu'il a surtout dans la tête. Bon mari, bon père par ailleurs, mais à la manière de la bourgeoisie riche qui entend que le fils succède au père dans la même carrière pour conserver intact le gain. Or, qu'est cela pour intéresser une femme dont le cœur est vide et dont le cerveau bouillonne? Les idées d'émancipation fermentent dans son esprit, elle en discute sans cesse avec ses amies. Aussi, à la première querelle, au premier abus d'autorité conjugale, elle va se libérer.

Son mari refuse de l'accompagner dans un milieu qui lui convient à elle, mais non à lui ; elle reprend sa liberté, quoi qu'il en coûte, et met ainsi d'accord sa conduite et ses idées.

Mais où l'on voit bien que ce féminisme d'idées n'est qu'un féminisme de sentiments déguisé, c'est au dernier acte. Le cœur de Jeanne est pris par un amour sincère et profond. Elle aime un ami de son mari, un féministe (il fallait bien laisser à Jeanne les apparences d'une bonne logique) qui ne contrecarre pas ses idées et partage son sentiment.

Il devient son amant, mais, cœur loyal et franc, esprit logique, il veut devenir son mari. C'est alors que, dans une scène d'une psychologie délicieuse et fine, Jacques, l'amant, arrive, par sa tendresse conciliante et chaude, à résoudre la féministe, ennemie enragée du mariage qu'est Jeanne, à se courber de nouveau sous le joug de l'institution conjugale qu'elle avait rejeté.

On ne peut analyser plus finement, plus sûrement, notre féminisme français, celui des premières heures, où la femme, grisée par ses nouvelles conquêtes, se croyait sûre d'elle-même, capable de mener sa vie seule, de se défendre contre l'homme qu'elle trouve un maître injuste ; mais elle ne comptait pas avec son atavisme d'amoureuse qui reparaît au premier choc, elle n'était pas encore prête, car elle manquait d'éducation morale.

Tout autre est le féminisme dans les pays du Nord. Il tient envers et contre l'amour, et si tout à l'heure je l'ai montré avec Svava comme un féminisme de principes, peut-être trop *a priori* ; avec Nora, l'héroïne d'Ibsen, je vais montrer sa force, dans la plus douloureuse expérience qui soit, celle où les principes entrent en conflit avec le cœur, tout rempli de deux sentiments féminins, également forts, également légitimes : l'amour conjugal et l'amour maternel.

Nora, dans la *Maison de poupée*, est mariée de bonne heure à un homme qui l'adore, Torvald Helmer ; elle n'a point souffert du joug, il lui paraît doux tant on la gâte, on la choye, mais en poupée. Elle est le « petit oiseau chanteur, gaspilleur, le petit étourneau charmant » qui coûte à l'homme beaucoup d'argent, mais dont il est très fier. Elle croque des pralines, en cachette, parce que son mari le lui défend de peur qu'elle n'abîme ses jolies dents. Elle ment effrontément et sans aucun embarras, elle aime follement à se parer, à se déguiser, et son mari se grise à la voir ainsi danser, admiré par les autres.

Mais derrière ce petit être qui chante, qui danse, qui jacasse, il y a un être humain en puissance, un être moral, que ce mari païen, idolâtre de la forme, n'a jamais songé à développer. Or, par suite de circonstances dramatiques qui font le nœud de l'action, cet être en puissance se dégage tout à coup dans une brusque et violente réaction.

Nora vient d'agir en irresponsable puisque son mari a négligé de développer en elle ce qui fait l'être responsable : la conscience et la liberté, et il ose lui demander des comptes.

— Je t'ai aimé plus que tout au monde, lui dit-elle simplement.

Oui, c'est par amour, par amour inconscient, irraisonné, pour sauver malgré lui ce mari qu'elle adore, qu'elle imagina autrefois, dans sa petite tête d'enfant gâté, d'emprunter de l'argent sous une fausse signature.

Mais peu importe pour Torvald le mobile de l'action, il ne voit que le fait et ses désastreuses conséquences.

— Ah ! trêve de niaiseries, reprend-il. Malheureuse, qu'as-tu osé faire ?

— Laisse-moi partir, tu ne porteras pas le

poids de ma faute, tu ne répondras pas pour moi.

— Pas de comédie! tu resteras là et tu me rendras compte de tes actes. Comprends-tu ce que tu as fait? Le comprends-tu?...

Elle comprend, mais trop tard, ce qu'est l'amour d'un homme égoïste qui faisait d'elle une idole, une poupée, un joujou, pour en jouir seulement. Elle comprend qu'elle s'était trompée en prêtant tant de qualités à son maître, pour l'honneur duquel elle était prête à se tuer. Non, il n'en valait pas la peine, il y avait quelque chose de plus précieux à sauver que la situation sociale d'un homme d'une telle médiocrité, il y avait son âme personnelle, celle de l'être moral qu'elle portait en elle et qui tout à coup se réveille de son sommeil léthargique.

L'inconscience, l'égoïsme, l'illogisme de Torvald en sont la cause ; plus il perd de terrain dans son cœur, plus elle en gagne dans la claire conscience de ce qui se passe en elle.

« J'ai été poupée-femme chez toi, s'écrie-t-elle, comme j'avais été poupée-enfant chez papa, et mes enfants à leur tour ont été une poupée à moi... » et c'est ce qu'elle ne sera plus. « Je crois qu'avant tout, dit-elle encore à son mari, je suis un être humain au même titre que toi..., ou au moins que je dois essayer de le devenir. Je sais que la plupart des hommes te donneront raison, Torvald, car ces idées-là sont imprimées dans les lois. Mais je n'ai plus le moyen de penser à ce que disent les hommes et à ce qu'on imprime dans les livres. Il faut que je me fasse des idées là-dessus et que j'essaie de me rendre compte de tout. »

Quelle effrayante logique que celle qui ne compte plus qu'avec la raison dépouillée, quand tout sentiment se tait dans un cœur trop blessé, et comme il serait bon que le développement des consciences de femmes se fît avant que de telles épreuves fussent renouvelées. Le féminisme, c'est-à-dire le droit de la femme à sa vie morale complète, s'affirme là, dans ce qu'il a de plus rigoureux, de plus absolu, de plus fort. On peut discuter la conduite du drame, sa vraisemblance, la valeur morale du dénouement, lorsque Nora quitte, sans remords, mari, enfant, foyer, dans un acte de volonté surhumaine, je n'en disconviens pas ; mais je n'hésiterai pas à dire que cette pièce est d'une valeur philosophique incontestable. Elle pose, elle développe, elle résout avec une audace admirable le problème du féminisme dans ce qu'il a d'essentiel ; c'est ce qu'on a toujours négligé de faire. La réaction de l'individu, de l'être moral, trop souvent sacrifié chez la femme à l'être social, est la vraie cause psychologique du féminisme. Ibsen l'avait admirablement bien compris, lui, le dramaturge-philosophe dont le théâtre n'a de sens que par les idées qu'il y défend. Sans doute toute sa philosophie est imprégnée du mysticisme kantien. Le mystérieux « Noumène » est partout présent qui pousse l'individu vers le « bien moral » qui est aussi le beau, mais elle prend dans ce problème du féminisme un singulier relief. Ibsen n'entend point que la femme échappe à la domination de l'homme, mais qu'elle réalise complètement sa nature, en luttant contre ses tendances aveugles et primitives.

Regardons se succéder l'une après l'autre les figures de femmes qui défilent dans ce théâtre génial. Ce sont toutes des lutteuses, sinon des victorieuses. Elles ont toutes cette marque indélébile qui fait un caractère, elles font effort pour sortir de la voie trop étroite tracée par la société ou par l'aveugle instinct.

Mme Inger, dans *Madame Inger à Ostraat*, essaie de vivre pour la gloire avec la passion de l'ambition, elle est encore vaincue par l'amour

Dans la *Comédie de l'amour*, Swanhild rêve d'idéal, d'amour éternel, mais au moment de partir avec son poète, elle est rappelée à la réalité par l'amour simple et sincère d'un homme moyen.

Dans *Brandt*, Agnès atteint à l'héroïsme de l'altruisme, en se dévouant non point par amour, mais par une foi aveugle à la mission divine de Brandt son époux

Solveig, dans *Peer gynt*, vit l'héroïsme de l'amour fidèle malgré l'abandon. Elle attend toujours le mari infidèle dans une maison parée de fleurs. Il revient, elle lui pardonne avec une telle générosité qu'il reconnaît en elle la femme non seulement épouse, mais vierge et mère, la femme qui sauve.

Mais si la femme n'atteint pas toujours à cette hauteur d'héroïsme, si elle est encore souvent vaincue dans la lutte qu'elle essaie de livrer contre ses instincts, n'est-ce point parce que la société a négligé de la former? Telle est la thèse de *la Maison de poupée.*

Ibsen l'avait déjà ébauchée avec son personnage de Selma, dans *l'Union des Jeunes*, Selma est de la famille de Nora, c'est une de ces poupées-femmes qui prend tout à coup conscience de ce qu'elle peut être et se révolte contre la société qui l'écrase. Ce cas est dans Ibsen, nous l'avons vu, particulièrement dramatique, mais n'oublions pas que nous sommes avec lui dans ces pays du Nord où fleurit la philosophie kantienne, l'individualisme protestant. La cause de la réaction néanmoins reste la même, que le féminisme éclate dans les pays du Nord ou dans les pays de race latine, c'est toujours l'individu qui réagit contre la société qui viole ses droits d'individu.

Or, au nom de quel principe peut-on demander à la femme de sacrifier l'être individuel à l'être social lorsqu'un conflit éclate entre les deux, si elle n'a pas pour appuyer sa conscience sociale un idéal religieux. C'est le cas de Nora, elle n'a que l'idéal moral qui lui montre clairement ce que sa conscience réclame, elle n'a pas l'idéal religieux qui lui enseignerait le pardon et le sacrifice. Le cas de Jeanne dans *les Éclaireuses* est plus difficile à résoudre encore. Il présente le même conflit entre les deux consciences : conscience individuelle, conscience sociale ; mais cette fois, il ne reste plus rien à Jeanne, plus d'idéal religieux, plus d'idéal moral. M. Maurice

Donnay en essaie un troisième à la manière de Rousseau, l'idéal sentimental, mais il en fait, par le dénouement même de sa pièce, une judicieuse critique : cet idéal est sans force quand il s'agit d'étayer une morale.

Qu'est-ce à dire, sinon qu'il faut à la femme toujours un idéal, et qu'elle réagira dans toutes les crises suivant cet idéal? Le tout est donc de le bien choisir et pour cela de nous rendre compte de ce qui convient à sa nature de femme en l'étudiant dans ses manifestations affectives, intellectuelles et actives.

CHAPITRE IV

LE FÉMINISME ET LA SENSIBILITÉ DE LA FEMME

Parcourez les *Souvenirs d'enfance* d'une Sophie Kovalevsky, parcourez l'œuvre tout entière d'une Mme de Staël, et vous serez frappés comme moi du sentiment de mélancolie que vous éprouverez. Ces intelligences de tout premier ordre, ces femmes géniales ont eu des cœurs douloureusement meurtris. Mme de Staël vous traduira mieux que personne cette impression lorsqu'elle s'écriera : « La gloire pour la femme n'est jamais que le deuil éclatant du bonheur », et Sophie Kovalevsky, en plein succès, à l'apogée de sa carrière, écrira ces lignes découragées : « Les travaux scientifiques ne donnent pas la joie et ne font pas avancer l'humanité. C'est folie d'y perdre sa jeunesse. C'est un vrai malheur que d'avoir le don des sciences, en particulier pour une femme, qui alors est poussée dans une sphère d'activité où elle ne peut trouver le bonheur. »

Si nous prenons ces citations à la lettre, et si nous en cherchons la portée pratique, nous y trouverons la condamnation du féminisme. N'avons-nous pas défini, en effet, le féminisme, un développement intégral de l'âme de la femme, grâce auquel elle pourrait pénétrer dans toutes les sphères d'activité. Si donc elle souffre de ce développement, nous pouvons craindre de nous être trompées. Ne vaudrait-il pas mieux alors retourner en arrière?

Pour l'homme, c'est tout autre chose! L'homme voué à la science ne connaît point ce vide du cœur ; le savant, le vrai savant se suffit à lui-même. Un homme emporté par la vie des affaires, des affaires politiques surtout, n'a nul besoin d'un foyer et de la douce intimité d'aimer dans l'ordre. Il peut aimer dans le désordre, la variété, la rapidité ; la vie sentimentale pour lui ne compte guère !

Et qu'en savons-nous? Les confidences d'hommes nous manquent, ils n'ont point le temps de se raconter, et peut-être n'ont-ils point comme nous ce besoin de se tourner sans cesse vers le dedans. Hormis les confessions immortelles d'un Rousseau, d'un Alfred de Musset, le Journal douloureux d'un Amiel, où nous retrouvons nos sensibilités féminines, nous savons peu de choses de la sensibilité masculine. Dès lors, si elle nous apparaît moins douloureuse que la nôtre, n'est-ce pas que, depuis de longs siècles, ils ont pris l'habitude de ne plus l'écouter? La préoccupation de la science, de l'art, des affaires est fréquente parmi nos compagnons ; parmi les femmes, c'est chose rare, à plus forte raison, une Mme de Staël, une Sophie Kovalevsky, en leur temps, firent-elles exception. Or, faire exception, c'est toujours un danger, ou bien l'on se gonfle d'orgueil en se croyant un objet précieux, ou bien l'on souffre en se croyant une anormale, une ratée. C'est le cas de bien des femmes encore à l'heure actuelle : elles s'imaginent avoir manqué leur vie parce qu'elles cheminent seules et qu'elles n'ont point suivi la route uniforme que les siècles avaient tracée, et pourtant elles ont des vies pleines, une situation qui les met en vue et leur permet de faire œuvre efficace. D'où vient qu'elles se plaignent? De ce qu'elles sont profondément humaines. Leur cœur, comme celui de Pascal, est travaillé du désir d'un grand amour que rien ne peut satisfaire. Les femmes sont toutes des chercheuses d'idéal, elles le sont d'autant plus que leur âme s'élargit dans une noble activité.

A toutes ces femmes que j'aime, que j'admire, car je les vois noblement, courageusement remplir leur tâche, je voudrais dire que si elles souffrent, elles ne doivent point s'en prendre à leur sensibilité de femme, mais accepter leur souffrance tout simplement comme la grande souffrance humaine qui anoblit hommes et femmes. On ne développe pas toutes les facultés de son être pleinement, subitement, comme elles le firent depuis quelque temps, sans sentir les limites qui les bornent.

Qu'aurait gagné la femme à se contenter de la vie qu'ont menée ses aïeules, en restant dans le rang. Elle aurait continué de souffrir négativement par manque de développement, tandis qu'elle souffre aujourd'hui positivement par excès de développement.

Et pour en revenir à nos premiers exemples, croyez-vous qu'une Sophie Kovalevsky, avec ses possibilités géniales, laissées en friche, eût été heureuse dans une vie ordinaire? Je ne le crois pas. Elle vous en donne la preuve d'ailleurs, en s'y essayant. Son mari, le fameux mari fictif qu'elle avait choisi pour s'émanciper à l'exemple des premières féministes russes, resta longtemps un mari platonique, mais un beau jour, il ne le fut plus. Le mariage fut consommé, et Sophie ne fut pas plus heureuse, elle devint jalouse, plus insatisfaite que jamais. Un peu plus tard, devenue veuve, elle s'éprit éperdument d'un Russe qui ne la valait pas, mais qui l'aimait, trop égoïstement peut-être puisqu'il lui demanda d'être sa femme, mais sa femme uniquement. Elle ne se sentit pas la force de tout abandonner pour lui plaire et mourut de cette impossibilité où elle se trouva de sacrifier un amour à l'Amour. Qu'est-ce à dire sinon que la femme est tout amour, qu'elle aime absolument et qu'elle souffrira toujours par amour, amour déficitaire, ou conflit d'amour. Et pour nous en rendre compte, passons en revue l'un après l'autre les sentiments humains. Quels sont ceux qu'elle éprouve le plus passionnément? Sentiments égoïstes, sentiments altruistes ou sentiments rationnels; amour de soi, amour maternel ou amour sans épithète; amour de l'humanité, pitié compatissante et tendre, pitié bienveillante et active, ou amour de la science, de l'art, de la perfection, de Dieu?

Mais ces sentiments, elle les éprouve tous, selon son cœur du moment, et les exemples à l'appui de ce dire ne nous manqueraient point. Par contre, quelles sont les héroïnes qu'ont chantées l'histoire, la poésie, le drame, le roman? Faites appel à vos souvenirs classiques. Ce sont des types de mère, de fille, d'amante, d'épouse, d'apôtre, que l'antiquité et notre dix-septième siècle ont immortalisées. Il n'y a point encore d'héroïnes de la science. Rien d'étonnant, répondrons-nous, puisque au dix-septième siècle une Philaminte devint mauvaise épouse, mauvaise mère, mauvaise ménagère, du seul fait qu'elle se met à regarder les astres par une lunette astronomique. Dans la science, nous ne faisons que débuter !

C'est vrai, mais voici un autre fait plus inquiétant pour nos natures de femmes, essentiellement altruistes, il n'y a pas d'héroïnes de l'amitié. Castor et Pollux, Oreste et Pylade n'ont point dans notre sexe d'équivalent. Serions-nous incapables d'éprouver ce sentiment qui est une forme d'amour tout comme les autres, une forme plus complète même puisque l'élan de l'âme, qui en est la source, est au contraire conscient et discipliné. Est-ce parce que la raison y prend une plus grande place, et l'instinct une moindre que la femme l'aurait jusqu'à présent si rarement éprouvé ? On pourrait soutenir cette thèse, mais alors le féminisme triompherait puisque, bien compris, il oriente la femme dans un chemin tout raisonnable. Il la préparerait à goûter les douceurs de l'amitié, ce sentiment qui harmonise les êtres, sans rien entamer de leur liberté, qui les élève aussi toujours plus haut sans qu'ils cessent de s'aimer chaque jour davantage. On n'aime d'amitié qu'un honnête homme, une honnête femme ; on peut aimer d'amour une coquine, un sécélrat ! Combien de naufrages pourrait éviter aux femmes une belle amitié, à défaut de l'amour normal, de l'amour au foyer dont elles sont et seront peut-être de plus en plus privées.

En effet, plus nos études, notre travail nous rapprocheront les unes des autres intellectuellement, nous permettant de nous connaître autrement que par les antennes de la sympathie, souvent trop proche, de l'instinct, plus nous goûterons l'amitié entre femmes, et entre femmes et hommes aussi. Ce sera peut-être plus difficile, il y aura toujours à courir le danger que ce malin génie de l'espèce vienne à jouer son rôle en modifiant le sentiment ; mais si l'évolution se fait dans l'ordre et que l'amour vienne à s'épanouir dans le mariage après l'amitié, quelle merveilleuse transformation pour notre patrie, notre France dépeuplée !

Les faits d'ailleurs sont là pour me donner raison. De charmantes camaraderies se forment dans nos laboratoires, dans nos amphithéâtres, dans nos écoles, qui préparent des foyers pour l'avenir où l'amour sera la base, mais un amour conscient, volontaire, le seul qui résiste à l'épreuve de la vie conjugale.

Je sais bien qu'il fut un temps, dans une

belle période de notre civilisation latine, où la femme goûta pleinement ce sentiment. Or, bien qu'il y eût alors de vraies savantes, parlant grec et latin, ce ne fut nullement dans les laboratoires, ni dans les universités que l'amour-amitié s'épanouissait, mais tout simplement dans les salons. Et je pense à la célèbre marquise de Mantoue, Isabelle d'Este, qui sut gagner et garder l'amitié des plus grands maîtres de son temps : Léonard de Vinci, le Pérugin, Titien ; à l'autre non moins célèbre marquise de Pescaire, Vittoria Colonna, celle-là amie de cœur de Michel-Ange et amie vraiment tendre, préoccupée des affaires de son ami : « Mon ami de cœur, lui écrit-elle, en lui demandant son Christ, je vous prie de m'envoyer un peu le Crucifix, quand même il ne serait pas bien avancé, pour que je le montre aux gentils hommes du Reverendissime Cardinal de Mantoue. Et si vous n'êtes pas aujourd'hui en plein travail, venez donc me parler à l'heure qu'il vous sera commode. » Et c'est un échange de vues, de sensibilités, de goûts, d'enthousiasmes, que permet cette intimité entre artistes et grandes dames cultivées, en un mot toute une floraison de sentiments très élevés dans une noble attitude d'âmes. La femme, dans l'amitié, peut être pour l'homme un échelon d'ascension vers l'idéal moral, un échelon de beauté, d'intelligente bonté. Elle y gagne alors d'être sincère, et, quoi qu'on en dise, elle n'en perd point pour cela le charme attirant du mystère. Ce charme est dans une âme profonde plus encore que dans une âme capricieuse et compliquée ; mais pour être goûté, il demande à l'homme aussi une âme sincère et haute. Michel-Ange sut le découvrir chez la noble marquise de Pescaire et cette dernière sut le garder.

Elle sait la passion folle du grand artiste qui s'éprend d'elle à cinquante et un ans, alors qu'elle n'en avait que trente-six ; il ne la connut vraiment que douze ans après, quand son imagination eut bien exalté son sentiment. Elle réussit pourtant à le maintenir dans une atmosphère douce et raisonnable : « Notre amitié est stable et notre affection très sûre, écrit-elle, elle est liée par un nœud très chrétien. » Mais sur l'adresse du petit billet qui contenait ces lignes, elle laisse mieux parler son cœur : « A mon plus que magnifique et plus que très cher messer Michel-Ange Buonaroti. » Aussi, quand vingt ans après il l'eut vue mourir, et qu'il eut déposé sur sa main un long baiser sans même lui effleurer le front, à chaque fois qu'on lui parlait d'elle, les larmes montaient à ses yeux, et il murmurait : « Nous nous voulions un grand bien, la mort m'a enlevé un grand ami. »

Un grand ami, quel mot pour nous plein d'enseignement dans la bouche d'un homme tel que le fut Michel-Ange, parlant d'une femme intelligente et belle, qui, sans défaillance, avait su jusqu'à sa mort vraiment se faire aimer. Et pour ce grand ami qu'il avait tant aimé et qui fut une femme, le grand homme se fit pieux, et lorsqu'il mourut à quatre-vingt-dix ans, on retrouva dans ses papiers les lettres jaunies de la marquise qu'il avait pieusement gardées.

Que les sceptiques et les libertins de notre siècle ne sourient point à ce récit, qu'ils ne m'accusent point d'utopie parce que je parle de platonisme en un temps comme le nôtre où l'amour n'a que faire du sentiment, le mariage que faire de l'amour, où les jeunes filles, dit-on, bien loin de rêver d'amour, d'idéal, combinent un mariage bien assis, ou une vie libre qu'elles gagneraient par n'importe quel moyen, où les deux sexes sont en lutte parfois très peu cordiale pour décrocher la même timbale ! J'ai confiance, malgré tous ces symptômes, en la sensibilité de la femme, j'ai confiance en son influence moralisatrice sur l'homme. Cette influence se fera petit à petit après bien des heurts, mais avec le temps, ils s'atténueront, la lutte se fera plus courtoise. L'emprise de la femme moderne sur son compagnon ne sera plus celle de la femme de la Renaissance, élé-

R.F.

gante, toute d'art, elle sera toute de loyauté, de sincérité, de rayonnement d'âme tendre et consciente, comme il convient à l'époque de travail et d'effort moral que doit être la nôtre ; car la femme restera toujours tendre, prête à se dévouer en dépit des expériences qui trempent sa volonté sans la roidir jamais

Non, la femme par nature n'est point égoïste ; si nous la trouvons telle parfois, c'est qu'elle est forcée de se mettre en état de défense dans une société qui a consacré son infériorité. L'égoïsme, d'ailleurs, ne naît que par calcul, et la femme, quand elle aime, ne calcule pas.

L'égoïsme naît aussi d'un appétit de jouissance, sans limite, sans discernement ; mais comme c'est là précisément la caractéristique de notre société moderne, la femme ne risque-t-elle pas, en s'y mêlant trop activement, de se laisser gagner par le mal ? Dans ce cas, ce serait au féminisme de porter la faute.

Le féminisme a développé l'amour de l'indépendance, c'est incontestable et l'indépendance laisse le champ libre à toutes les convoitises. Bien des femmes, dans les classes privilégiées, commencent maintenant seulement de jouir de leur liberté, si bien qu'elles s'en grisent, l'aiment pour elle-même et non pour ce qu'elle donne, et ne veulent à tout prix plus l'aliéner. Des mères se désolent de voir leurs filles bien douées, bien dotées, réfractaires au mariage parce qu'elles en redoutent les charges. L'indépendance est devenue là un moyen de satisfaire l'égoïsme, égoïsme assez élevé, sans doute, mais égoïsme tout de même puisqu'il recule devant les devoirs de société. D'autres, hélas ! sont encore plus égoïstes. Elles le sont bassement. Elles n'ont plus même l'excuse des premières féministes qui s'en allaient à l'amour libre, entraînées par la passion et en état de révolte, elles raisonnent leur instinct pour le mieux exploiter, pour en tirer profit ou jouissance. Ce sont les parias du féminisme qui ont profité des libertés que donne à la femme son nouveau développement pour redescendre vers l'instinct, consciemment.

Ce danger n'est point à redouter chez la femme qui travaille. L'indépendance, quand elle l'obtient, lui coûte assez cher pour qu'elle ne veuille point la gaspiller, elle en est l'ouvrière, elle en sait le prix. Le féminisme n'est donc point la cause de l'égoïsme féminin moderne, mais un féminisme mal compris. C'est que la sensibilité de la femme, si riche, si mobile, demande, pour s'équilibrer, à s'épanouir sous les formes les plus hautes, rationnelles autant qu'altruistes. Reste à savoir, dans cet ordre, quelles sont ses possibilités, et comment elle peut aimer la science, l'art ou Dieu.

La sensibilité de la femme, par ce fait qu'elle est liée à un tempérament nerveux excessif, prend le plus souvent la forme émotive. Mise en branle par une cause, elle se localise d'abord, puis propage rapidement l'ébranlement dans tout l'organisme psychologique. Si l'on veut remédier à cet état, de deux choses l'une, ou bien il faut empêcher les forces de se rassembler, ou il faut leur donner une âme, c'est-à-dire un principe d'unification qui ait droit au commandement. L'art, la science, Dieu, voilà des principes efficaces. Eh bien ! il faut le reconnaître, la femme ne les accepte pas tous au même titre comme maîtres !

Sophie Kovalevsky nous a déjà dit tout à l'heure que la science fut impuissante à remplir sa vie, mais elle lui servit du moins de remède en mettant un frein à sa dangereuse exaltation. Écoutez-la lorsqu'elle écrit, dans un moment de crise aiguë, ces lignes à une amie : « Je suis trop accablée de fatigue et trop mal disposée d'esprit, pour m'occuper de littérature... tout dans la vie me paraît si décoloré, si dépourvu d'intérêt. Dans ce moment-là, il n'y a rien de meilleur que les mathématiques. Il n'y a pas de parole pour rendre la douceur de sentir qu'il existe tout un monde d'où le moi est complètement absent. On ne voudrait parler que de sujets impersonnels... » Concluons qu'il serait extrêmement désirable que les jeunes filles prissent goût aux mathématiques, la science abstraite par excellence, et moi j'ajouterais à la philosophie, la science des sciences. Elles trouveraient là un moyen sûr, je ne dis pas d'équilibrer à tout jamais leur sensibilité, mais tout au moins de rattraper l'équilibre lorsqu'elles l'auraient perdu. La célèbre mathématicienne vous en donne l'explication. La science crée une forme nouvelle d'attention, qui requiert la volonté raisonnable mise au service de l'esprit ; dès lors la volonté s'extériorise, elle n'est plus au service de la passion.

Même chose se produit-elle dans l'art? Je le mets en doute. L'art, l'art littéraire surtout, pour équilibrer une vie de femme m'apparaît un moyen bien chimérique. Étudiez dans un cœur de femme le conflit de ces deux amours, étudiez-le au contraire dans le cœur d'un homme, et pour cela relisez cet essai d'analyse psychologique du caractère de Flaubert que fit Paulhan dans son ouvrage intitulé *les Caractères*, et vous verrez que l'art est pour Flaubert ce qu'il peut être difficilement pour une femme : la raison de vivre. L'art, chez Flaubert, est le maître, et par art j'entends pour lui l'amour du beau, et spécialement du beau littéraire. « Il n'y a pour moi, dans le monde, que les beaux vers, les phrases bien tournées, harmonieuses, chantantes, les beaux couchers de soleil, les clairs de lune, les tableaux colorés, les marbres antiques, les têtes accentuées, au delà, rien... » L'art pour lui remplace le bonheur, s'il ne le crée point. « Le seul moyen de n'être pas malheureux, écrit-il à un ami, c'est de t'enfermer dans l'art et de compter pour rien le reste. » L'art, chez lui encore, fait pâlir l'amour. « Oh ! va, écrit-il à Mme X... son amie, aime l'art plutôt que moi. » Ou encore : « Aimons-nous en l'art comme des mystiques s'aiment en Dieu et que tout pâlisse devant cet amour. » Demandez à une femme qui aime, fût-elle artiste, si elle veut être aimée pour l'art ou pour elle-même? Demandez-lui à quelle heure les beaux vers, les phrases bien tournées, les beaux couchers de soleil, les clairs de lune, les tableaux colorés vraiment la passionnent et elle vous dira que c'est à l'heure où son âme est pleine d'un autre amour. Alors la nature s'anime, les couchers de soleil prennent des teintes féeriques, les clairs de lune versent en elle l'ivresse créatrice. La femme est vraiment artiste lorsque sa sensibilité est émue par une autre émotion que celle de l'art pur, voilà pourquoi elle peut être un grand poète, et pourquoi aussi les grands poètes ont des sensibilités féminines. Songez à Sapho, à Musset, à Lamartine, quels sont leurs vers les pl us beaux, sinon ceux que leur inspire un autre amour que l'art, que l'Art même avec une majuscule.

Dès lors, ne nous étonnons point, si l'art, l'art littéraire, par exemple, amène dans la mouvante sensibilité féminine, un certain déséquilibre. Je ne veux point médire de la surproduction littéraire que nous trouvons aujourd'hui parmi les femmes, elle a révélé de vrais talents mais aussi des talents très ordinaires. Je me permets, en simple psychologue et moraliste, de dire : n'encourageons pas outre mesure cette tendance. Voyez comme le plus souvent elle est liée à une sensibilité qui s'exaspère. La femme, naturellement émotive, s'en va quêter des émotions toujours nouvelles pour un sujet de roman. Quelle pauvre conception de l'art, et lorsqu'elle fait de l'art un métier, comme il arrive souvent en nos temps de crise économique, elle court de gros risques de s'égarer. Elle vise à la surproduction ou à la production rare (en ce sens bien des hommes sont femmes), tandis que d'autres métiers s'offrent nombreux à elle où elle souffrirait moins et serait plus utile.

Mais si la science, l'art, sont impuissants à unifier notre frémissante sensibilité, sera-ce au mysticisme de réaliser ce miracle? A ce seul mot, je vois s'esquisser bien des sourires. Oui, les femmes mystiques ont mauvaise presse parmi les gens de bon sens. Il y a fort peu de temps, une conférencière a fait courir tout Paris, une mystique, disaient les uns, une déséquilibrée, disaient les autres : elle vivait soi-disant avec Jésus-Christ en étroite amitié. Et combien d'autres de cette sorte ont été avec raison reniées par l'Église et considérées comme des toquées. C'est qu'il y a mysticisme et mysticisme et une seule forme qui vaille, celle qui est l'expression d'une foi raisonnable qui tout à coup dépasse les limites de nos forces humaines pour trouver Dieu. Alors seulement l'âme unifiée réalise ce miracle de vivre d'une vie pleine, divine, qui n'est plus la vie ordinaire. Ne serait-ce pas alors une excellente méthode que d'étudier cette forme de la sensibilité féminine, quitte à la transposer ensuite d'un ton pour la retrouver humaine?

Le mystique éprouve dans l'extase (reprenez l'analyse si fine et si juste que sainte Thérèse fait de son état dans son *Château intérieur*), sous une forme complète, ce que Sophie Kovalevsky ressentait imparfaitement lorsqu'elle faisait des mathématiques. Il sort de lui-même, se dépersonnalise, s'objective à tel point que son moi se perd non dans les abstractions, comme il arrive dans les mathématiques, mais dans une réalité tangible, vivante, Dieu. Mais s'il perd son moi momentanément, ce n'est pas pour le retrouver après aussi pauvre qu'il l'avait laissé, mais au contraire enrichi, tonifié. Sainte Thérèse gardait un parfait équilibre dans sa vie ordinaire, qui se traduisait d'ailleurs par de la gaieté, une merveilleuse égalité d'humeur et par une grande puissance d'action. Catherine Benincasa, la mère de milliers et de milliers d'âmes, patronne des vierges sages et des vierges fortes, de celles qui donnent au monde les fruits de leur maternité spirituelle, est, elle aussi, un noble exemple à citer.

Est-il une sensibilité plus frémissante, plus

passionnée que la sienne, toute d'amour, d'amour sans autre mesure que la folie de la croix, sensibilité souverainement féconde, car elle est le ressort toujours tendu, toujours agissant d'une volonté puissante et belle, d'une volonté morale. Catherine la mystique, l'extatique aux grands yeux de lumière, la créature frêle au pâle visage, au divin sourire, la fille du teinturier de Sienne, pauvre et ignorée, eut le courage de s'en prendre au monde, à ses vanités, à ses séductions, à sa toute-puissance pour le combattre et pour le vaincre sans autre arme que sa volonté forte : « Je veux : *voglio*, écrit-elle à vingt-cinq ans, au cardinal d'Ostie, Pierre d'Estaing, alors légat du pape, je veux qu'étant légat du pape, vous soyez lié dans les liens de cette sincère et ardente charité que mon âme désire en vous... »

« Faites la volonté de Dieu et la mienne », écrit-elle au roi de France et au pape Grégoire XI, faible et irrésolu lorsqu'il s'agit de regagner Rome en un temps où la lutte est âpre et chaude, et où il fallait pour conduire l'Église et la sauver du démon de la simonie, de la sensualité, de la convoitise, une volonté presque surhumaine : « Courage, mon Père, soyez un homme... ne soyez pas un enfant timide... »

Soyez un homme, voilà le mot que l'on retrouve sans cesse dans la bouche de cette femme admirable. Elle prêche la virilité à des hommes qui n'en ont plus, car ils se sont laissés gagner par tout ce qui fait d'ordinaire l'apanage d'une féminité lâche. Et c'est pour cela qu'on accuse la sainte Siennoise d'être sans charme, d'avoir abusé de l'autorité, d'avoir commandé comme un homme. Nous laisserons-nous donc toujours prendre au mirage des mots? La virilité pour Catherine, mais c'était tout simplement le courage humain, fait de renoncement à toutes les vanités qui trompent, d'attachement au vrai. C'était la foi aussi, car pour cette merveilleuse intelligence qui eut la lumière d'une philosophie à elle, infuse et non acquise, comme dit le pape Pie II dans sa bulle de canonisation, la foi c'était aussi le perfectionnement de la connaissance, une affaire de volonté, donc une œuvre morale. On ne connaît que ce que l'on est digne de connaître : *corde intelligitur.*

Catherine était digne de tout connaître, puisqu'elle avait fait à Dieu l'abandon de sa volonté complète, si bien que c'était Dieu, comme dit l'apôtre, qui voyait, qui comprenait tout en elle. Et tout cela n'enlevait rien à son charme. On raconte que lorsqu'elle vint à l'île de Gorgona, elle parla si bien aux chartreux, que le prieur à son départ, lui demanda de lui laisser sa cape, tout comme Élisée avait laissé son manteau lorsqu'un char de feu l'emporta au ciel, tant ils avaient été, lui et ses moines, édifiés et charmés. Les rois de la chrétienté, car elle inspira successivement la politique de deux papes : Grégoire XI et Urbain VI, dans les circonstances particulièrement difficiles du schisme, les princes du monde, les plus grands théologiens comme les plus grands savants sont irrésistiblement gagnés par elle, et quelle influence n'exerçait-elle pas sur ses disciples, qui partout la suivaient et l'adoraient.

La jeune vierge de Sienne avait autre chose qu'une volonté d'homme pour accomplir sa mission que le monde peut qualifier de folle, elle avait une puissante sensibilité de femme, toute d'intuition, qui s'épanouissait dans l'amour absolu, passionné de la vérité, du bien moral, du beau, du Christ, incarnant son idéal, amour réel, concret, et non d'imagination seulement, qui la fit souffrir et jouir jusque dans sa chair. Elle connut la nausée du péché, son odeur fétide, et le suave parfum de la vertu.

Ce fut donc l'amour, un amour passionné qui lui fit accomplir ce que des hommes d'État, des princes de l'Église furent incapables d'accomplir ; en cela elle fut vraiment femme et montra qu'une sensibilité bien conduite et bien haute équivaut au génie. Catherine de Sienne et Jeanne d'Arc, voilà deux admirables figures du génie féminin sous une forme essentiellement morale.

Est-ce à dire que toutes les femmes, pour harmoniser leur sensibilité, aient besoin d'une foi religieuse? Je ne serais pas éloignée de le croire, bien que cette vérité nous soit si souvent jetée à la tête sous une forme méprisante : « La religion, mais c'est bon pour les femmes », comme autrefois Voltaire s'écriait : « La religion, mais c'est bon pour le peuple, cette canaille. » Il faudrait tout simplement s'entendre sur le sens à donner au mot religion. Un sentiment religieux qui ne serait que de la sentimentalité religieuse, nous en faisons bon marché, il ne sert qu'à détraquer l'organisme délicat d'une femme. Demandons, à la mère Thérèse, ce qu'elle conseillait à ses nonnes et ce qu'elle redoutait pour elles? Précisément cette sentimentalité religieuse qui fait que notre sensibilité s'exaspère par les jeûnes, les mortifications, les longues méditations à vide. Elle savait par expérience ce qu'il en coûtait de contrarier la nature, de la condamner à un mécanisme qui lui répugne. Les exercices religieux trop longs et fastidieux, la prière de commande, n'avaient jamais réussi à la sainte d'Avila. Sa méthode en ce sens était toute moderne, et notre féminisme n'aurait rien à perdre à s'y reporter ; c'était l'indépendance dans le libre développement des forces naturelles d'abord, et la discipline ensuite. Que nos féministes d'aujourd'hui prennent donc conscience de leur nature de femme tout en la développant ; mais que ce soit cette nature et non une nature déformée qu'elles, soumettent à la discipline d'un idéal, d'un idéal concret qui ait une valeur en soi.

Si la petite Sophie Kovalevsky avait trouvé cet idéal au lieu du mari fictif, elle n'aurait peut-être pas tant souffert. De même Mme de Staël, si elle avait trouvé le Dieu vivant au lieu de Benjamin Constant, l'être changeant, décevant par excellence, l'immortel Adolphe, elle n'aurait pas toujours poursuivi cette chimère du bonheur d'un grand amour humain.

L'histoire de ces deux femmes, mais c'est l'histoire de toutes les femmes avec leur besoin d'absolu qu'elles veulent satisfaire dans le relatif. C'est l'histoire de George Sand, toujours affamée d'amour, après ses expériences amoureuses successives. Ce n'est pas en vain que le Christ, à la margelle du puits de Samarie, avait appris à la pauvre Samaritaine qu'elle aurait toujours soif, si son cœur vide ne se remplissait de l'eau de la source divine.

La femme a besoin d'aimer un être vivant qui vaille en soi, et c'est parce qu'elle prête à son compagnon cette valeur d'absolu qu'elle souffre tant en amour. C'est encore ce qui la rend inférieure dans la grande lutte sociale, elle est mal armée par sa nature pour la grande et commune aventure de l'amour. Elle est vaincue d'avance, et ce serait une grande erreur chez les féministes que de ne point mettre en première ligne de leur programme : un idéal, une religion qui rassemble ses forces et réponde à son besoin d'aimer.

La femme est vaincue aussi dans la grande lutte parce qu'elle est une mystique et ne veut point en tenir compte, et voyez pourtant à quel point elle est attirée par le mystère, on dirait qu'elle est d'autant plus séduite par un être ou une chose, qu'elle les comprend moins. C'est ce que Renan traduisait avec beaucoup de poésie, mais peut-être aussi beaucoup d'exagération, dans la « Double prière » de ses *Feuilles détachées*. Vous vous souvenez de ces merveilleux accents qu'il entend à la tombée de la nuit dans l'antique cathédrale quand les fidèles des deux sexes se réunissent dans la nef et chantent en langue bretonne la prière du soir, sur un rythme simple et touchant. Les hommes dans la nef sont debout, d'un côté ; de l'autre, les femmes agenouillées forment comme une mer immobile de coiffes blanches.

Voici ce que chante le chœur des femmes :

« Mon Dieu, je crois fermement en ta bonté qui fait battre notre cœur, déborde en notre lait, remplit nos mamelles, nourrit nos petits, cause la langueur tranquille de nos yeux, alimente notre tendresse, soutient notre piété. Nous sommes sûres que ton esprit est en nous quand nos seins se soulèvent ; le palpitement de nos seins, c'est ta voix.

« Loué soit ton univers. Il est bon, lumineux et grand. Tu as voulu que ta justice fût voilée comme nous. Sois louée. La justice, nous le sentons, est plus difficile à réaliser que la bonté. Sur ce point, nous nous résignons à attendre. Nous te donnons des siècles pour perfectionner ton œuvre. Va, compte sur nous... »

Cette conception de l'âme féminine paraît bien incomplète, bien pauvre si l'on songe aux saintes dont nous venons de parler.

La femme, pour Renan, se contente de sentir Dieu dans son cœur, dans ses entrailles en voie d'enfantement, dans ses yeux alanguis de tendresse, dans l'univers bon et grand.

Comprendre ainsi notre prière, n'est-ce pas nous ramener aux forces obscures de la nature, aux forces occultes, et faire de nous des êtres passifs, sans volonté, sans discernement. Oui sans doute, ce mysticisme inférieur est parfois le mysticisme féminin, mais alors il est jugé par ses fruits mêmes. C'est ce mysticisme qui causa l'échec des premières féministes, les saint-simoniennes, lorsqu'elles s'en allèrent chercher au fond du désert le Messie-Femme qu'on leur avait promis.

Mais le mysticisme de sainte Thérèse est tout autre chose. Quel trait délicieux pour le caractériser que celui rapporté par Arnède Barine dans son joli chapitre de la *Psychologie d'une sainte*.

« Un jour qu'elle faisait frire un poisson pour le dîner de la communauté, elle fut saisie d'une de ces extases qui lui roidissaient les membres, lui ôtaient la parole et le mouvement. » Eh bien ! devinez comment on la retrouva après l'extase : « Tenant encore la queue de la poêle et le poisson parfaitement frit. »

Qu'est-ce à dire, sinon que cette nature

mystique que nous reconnaissons à la femme et que les antiféministes lui reprochent si fort, a de très bons effets, si elle en a parfois de mauvais ; le tout est de trouver de quoi ne pas la décevoir, ou plutôt un objet digne d'être aimé. Si ce n'est pas un Dieu révélé, que ce soit la famille, l'humanité, mais au moins quelque chose de concret qui ne lui permette plus de s'exalter à faux, et de déchaîner en elle une Bovary, chercheuse d'aventures, ou une mélancolique Indiana.

Si nous approfondissons davantage d'ailleurs cette forme mystique de la sensibilité féminine, nous verrons que son organisme physiologique en est en partie la cause. La femme est un être spinal plus que cérébral, soumise au système nerveux involontaire du grand sympathique, plus nerveuse que musculaire dans ses réactions. La changerons-nous par une éducation physique, plus sportive, plus virile? Peut-être, mais alors, craignons de la déformer. Il y a tant de ressources dans les élans de son mysticisme. Voyez ce que cette puissance d'enthousiasme, de dévouement, fait rendre à sa frêle nature. Suivez-la au chevet des malades et dites-moi si elle compte avec ses forces quand il s'agit de les sauver, et puis aussi quand il s'agit de se dévouer moralement sans relâche dans cette tâche si souvent ingrate de l'enseignement !

Mais peu importe cette puissance de dévouement, nous dira-t-on, si le travail de la femme est inégal, son organisme délicat la condamne à certains ménagements et trop souvent au repos. Eh bien ! nous sommes d'accord, donnons-lui ce repos, ne la considérons pas dans nos administrations comme un homme quand il s'agit de lui donner du travail, et comme une femme quand il s'agit de la payer. Que la femme non plus ne méconnaisse point sa nature par orgueil, par générosité. Que de part et d'autre il y ait plus de sincérité.

Quant au reproche que l'on peut me faire de ne parler que d'une élite, alors que dans les bureaux, les administrations, les magasins, les usines, la femme se trouve, grâce à sa sensibilité livrée à tous les égarements, et même à tous les vices, je répondrai : « Vous avez raison, mais fortifiez la discipline, donnez le bon exemple, messieurs. »

Vous avez affaire dans ce cas, à ce que nous appelons les caractères secondaires de la sensibilité féminine ; au lieu de les développer, corrigez-les. La femme veut plaire coûte que coûte, pourquoi? Parce que vous êtes là à l'encourager, parce que plaire est un palliatif à son besoin d'aimer ; faites d'elle une épouse au lieu de faire d'elle une maîtresse et le féminisme s'en portera mieux. Bien au contraire, on dirait que notre civilisation moderne, surtout dans les grandes villes, sous prétexte d'encourager l'industrie, le commerce, fait tout ce qu'elle peut pour exploiter cette sensibilité inférieure de la femme qui, fidèle à sa nature, reste toujours attrait, mais attrait de jouissance faisant pesamment descendre le monde au lieu de le faire monter. Et comme l'homme a plus à gagner qu'à perdre dans cet état de choses, il semble prendre plaisir à maintenir la femme dans cette infériorité. Dès lors de plus en plus, la femme perd de sa dignité, se démoralise, et c'est alors qu'on plaide pour elle l'irresponsabilité. Lisez, dans une pièce moderne, *l'Eternel masculin*, de M. Romain Coolus, quelques lignes de ce plaidoyer, et vous serez édifiés :

« La femme, écrit-il, m'apparaît un être douloureux et souffrant, pour qui nous devons avoir toujours prêtes de l'indulgence et des paroles de bonté, si peu de gestes sont volontaires... Elle nous trompe, elle nous ment, elle nous trahit et nos pleurs la laissent indifférente, car c'est malgré elle qu'elle les fait couler. Elle se sent irresponsable, elle subit les nécessités, ses actions ne sont point ses actions, n'émanent point de sa volonté, ne réalisent pas ses pensées personnelles mais manifestent les lois éternelles du monde qui, par elle, élabore la vie. »

Oui, sans doute, la femme dans ses actions manifeste les lois éternelles du monde qui, par elle, élabore la vie. Elle est plus que l'homme travaillée par la force créatrice, elle est la voie par où passe la vie, la voie qui enfanta l'homme de chair et l'homme divin, c'est en elle que le Christ s'incarna. C'est elle, en un mot, qui fait se rassembler le monde matériellement mais aussi spirituellement. Elle est aux deux pôles d'attraction, et vu sous cet aspect psychologique le dogme catholique avec ses deux créations, symboliques : Ève la tentatrice et Marie la rédemptrice, semble merveilleusement résumer le caractère dominant de la sensibilité de la femme faite pour attirer plus que pour conduire.

Mais pourquoi ne prendrait-elle pas de plus en plus conscience de sa nature, et alors pour quelle raison lui refuser cette dignité d'être moral qui la fait responsable? C'est contre cette erreur de l'irresponsabilité de la femme que s'insurge le féminisme moderne.

Il veut que la femme ait pleine liberté, mais accepte aussi qu'elle ait pleine responsabilité.

Mais comment comprendre cette liberté, la tâche n'est pas facile. Nous sommes à cette période de la civilisation où la liberté prise pour règle des natures sensibles comme les nôtres, peut nous égarer. Beaucoup de nos contemporaines qui croient répondre au besoin de développer librement leur sensibilité, n'obéissent qu'à celui d'élargir le cercle de leurs sensations. Lisez certains romans de femmes, et vous serez frappés de leur recherche des sentiments compliqués et rares, du luxe des sensations, du souci de l'extraordinaire, je dirais même du morbide. La femme libre veut tout sentir, tout expérimenter, elle se déséquilibre et ce qu'il y a de plus grave, elle contribue au déséquilibre général. Le féminisme ainsi entendu aurait beau alléguer qu'il respecte la sensibilité féminine et la développe, il ferait fausse route et serait un mal social. L'art même, quoi qu'on en dise, n'y gagnerait rien. L'art, s'il demande la richesse et la complexité des éléments sur lesquels il travaille, en réclame aussi et avant tout la synthèse. La vie, puisque tel est le but de la création artistique, n'est point une succession discontinue de moments qui se juxtaposent sans lien, elle est une continuité, une solidarité de moments qui se pénètrent, elle est une organisation et non une dissolution. L'art moderne nous apparaît souvent comme une dissolution, à son contact on perd le rythme de la vie, le cœur bat trop vite par secousses qui le brisent, puis il se tait comme s'il s'arrêtait de vivre.

C'est ce que nous ressentons parfois au contact de la femme moderne, soi-disant émancipée. La sensibilité, qui s'est développée dans la liberté du caprice et des expériences sans contrôle, fait d'elle le symbole de cet art impressionniste qui ne peut pas durer. Il lui manque le contrôle, la discipline de sa mouvante sensibilité, comme il manque à ces artistes le souffle unifiant de l'esprit qui anime. Si donc, elle veut jouer un rôle dans la société moderne, si elle veut répondre à sa destinée naturelle et providentielle d'apporter partout de la vie matérielle et morale, qu'elle prenne conscience de ce qu'elle est, de cette sensibilité qui peut la faire et si faible et si forte. Qu'elle ne la méprise point, qu'elle ne l'exaspère point, qu'elle ne l'exalte point davantage. Qu'avant d'être féministes, nos jeunes filles et nos femmes se regardent vivre au dedans, elles se jetteront dans la lutte après et leur action sera efficace.

Que les hommes se rassurent sur le sort de notre sensibilité, nous ne la perdrons point ; la note qu'elle jouera sera plus pure et plus haute. Savoir que l'on aime ne change rien à l'amour même, mais nous apprend tout simplement à mieux aimer.

La femme peut donc rester toujours l'attrait, le centre du monde, mais pour l'idéaliser, le spiritualiser. Elle en est le génie moral, et c'est la conclusion que je donnerai à cette étude sur la sensibilité féminine. Si les femmes portent en elles une merveilleuse sensibilité, elles en sont aussi responsables ; c'est la matière dont elles peuvent faire un monstre ou une figure angélique, une Théodora ou une Béatrice. C'est une œuvre d'art que la vie d'une femme qui demande à chaque instant inspiration et discipline, vous voyez dans quel sens elle peut la réaliser. Tant vaut la sensibilité de la femme, tant vaut le féminisme !

CHAPITRE V

LE FÉMINISME ET L'INTELLIGENCE DE LA FEMME

L'amour de la science ne suffit pas à remplir un cœur de femme, Sophie Kovalevsky fut une mathématicienne de tout premier ordre et ne fut pas heureuse ; Mme de Staël, une de nos plus grandes gloires littéraires, ne le fut pas davantage. Pourtant, il ne faudrait pas qu'il y eût méprise sur le fond de ma pensée. Ces faits que je vous citais comme exemple, au siècle dernier, et auxquels je pourrais en ajouter tant d'autres du même genre aujourd'hui, ne servent en rien la thèse qui voudrait conclure à l'infériorité intellectuelle de la femme.

La femme est plus sensible que l'homme, nous savons pourquoi, par conséquent, son intelligence, qui ne peut pas et ne doit pas se développer indépendamment de sa sensibilité, différera en qualité. Elle aura l'imagination plus vive, chose excellente même dans l'étude des mathématiques où la faculté de voir dans l'espace relève de cette faculté ; l'intuition chez elle remplacera souvent le raisonnement ; mais peu importe que le raisonnement suive ou précède l'intuition, pourvu qu'il vienne la vérifier. Son infériorité musculaire la desservira dans tout ce qui nécessite une forte attention. Mais les muscles ne sont-ils pas sous la dépendance des nerfs, et les nerfs ne sont-ils pas notre capital physiologique le plus important? Et puis, l'attention, à y regarder de près, est autre chose qu'un acte de tension musculaire, c'est un acte de la volonté s'appliquant à l'esprit ; la volonté, quand elle aime, fait des miracles, et la femme qui peut aimer passionnément ce qu'elle étudie sera capable de décupler en force son intelligence sous le coup de l'enthousiasme.

Quant à dire que son esprit est rebelle à l'abstraction, à la généralisation, qu'il est plus analytique que synthétique, ce sont autant de lieux communs que l'on répète mécaniquement et qui n'ont aucun fondement scientifique. Physiologiquement, autant qu'il est permis de l'affirmer d'après des documents de seconde main, notre cerveau ne diffère point de celui de l'homme, la question d'une différence de volume est depuis longtemps abandonnée comme l'est d'ailleurs l'hypothèse des localisations cérébrales.

A priori, rien ne nous oblige donc à mettre en doute les capacités de travail intellectuel de la femme, rien non plus *a posteriori* pour garder le langage scientifique. Les expériences ne se sont pas encore déroulées sur un champ d'action assez large pour que nous puissions conclure à certaines inaptitudes intellectuelles chez la femme; tout au contraire, les expériences les plus récentes ont mis en lumière ses véritables capacités intellectuelles.

Tout dernièrement, une femme éminente latiniste a soutenu brillamment ses thèses pour le grand doctorat d'État, à la Faculté des Lettres de Dijon. Les sujets de philologie qu'elle avait choisis n'ont rien de féminin, ils valent la peine d'être cités :

1° « Sur la préposition « de » dans la littérature latine et en particulier dans la poésie latine de Lucrèce à Ausone ;

2° « Quelques injustices de la critique interne à l'égard de Virgile... étude sur la méthode d'Édouard Norden à l'occasion de son commentaire sur le sixième livre de l'*Énéide*. »

Une autre étudiante, aux Hautes Études, prépare un travail de philologie fort documenté « sur l'inchoatif latin dans la latinité archaïque... »

Cette étudiante, dit-on, est une toute jeune fille, une femme charmante qui n'a rien d'archaïque.

Tout le monde reconnait que dans les examens et les grands concours que la femme vient de tenter, elle tient parfaitement tête à ses compagnons et emporte souvent les premières places, et cependant la cote à l'heure actuelle n'est plus à la féminité. Ses méthodes de travail sont différentes, voilà encore ce qu'il faut reconnaître : le mécanisme intellectuel fonctionne plus vite chez la femme et peut-être moins régulièrement que chez l'homme ; mais il gagne en vivacité ce qu'il perd en continuité. Nous constatons là toujours les conséquences de sa mouvante sensibilité.

Ainsi donc, plus de malentendu ; si nous reconnaissons que la sensibilité de la femme est plus vibrante que celle de l'homme, reconnaissons aussi que ce n'est point au détriment de son intelligence mais tout simplement de son bonheur. Cet équilibre de toutes les facultés qui est à la base du bonheur est instable chez elle ; que sa sensibilité se pénètre donc de pensée, de peur que sa pensée ne s'insensibilise. Aussi est-ce folie pour une femme de croire qu'elle peut vivre par la pensée seulement ; n'est-ce point folie de le croire également pour l'homme ? C'est avec l'âme tout entière qu'il faut aller à la vérité, dit avec raison le divin Platon, l'intellectuelle eut tort de penser qu'elle pouvait y aller avec son intelligence seulement.

Cette erreur fut signalée avec beaucoup de finesse, il y a quelque quinze ans, par Mme Colette Yver, dans un délicieux roman intitulé les *Cervelines*, qui fit date dans l'histoire de notre féminisme.

Les deux héroïnes du roman : Marceline Rhônans et Jeanne Boerk, incarnent toutes deux des types bien dessinés « d'intellectuelles ». L'une est professeur d'histoire, fine lettrée mais reste très femme ; l'amour chante en son cœur et trouble son cerveau. Son enthousiasme pour Thucydide, la Grèce et l'Asie Mineure, ne l'empêche point d'aimer.

L'autre est médecin, éprise de sa profession plus que de la science, car cette profession lui permet précisément le libre jeu simultané de toutes ses facultés. Elle réalise ce qu'elle veut, car elle aime sans mari et sans amant. Elle étudie ses malades pour les mieux guérir, et les aime en les guérissant. Et Mme Colette Yver qui s'y connaît en fait de psychologie féminine a su choisir des traits physiques répondant merveilleusement à ces natures de femmes. L'une est frêle et fine, aux yeux naïfs et clairs, une flamme intérieure les anime dès qu'elle passe. L'autre est vigoureuse, belle de formes, impassible ; son âme se traduit en actes voulus, vraiment délibérés ; son visage jamais ne trahit son âme. Toutes deux renoncent à l'amour parce qu'elles ne veulent pas renoncer à la vie de la pensée.

Faut-il tirer de ce fait un argument contre le féminisme? Tout au contraire, il ne fait qu'en démontrer l'opportunité. Supposez que Marceline Rhônans ait rencontré l'homme qu'elle aime, dans un autre milieu que ce milieu bourgeois aux idées étroites, arrêtées, qui considère comme incompatible le goût de l'histoire et celui d'être épouse et mère ; mais elle se serait mariée tout simplement, puisqu'elle n'aurait plus été contrainte de choisir entre deux alternatives exclusives l'une de l'autre : le mari ou la profession !

Quant à sa compagne, grand merci au féminisme de ce qu'il lui ait permis d'utiliser socialement une force aussi précieuse que fut la sienne. Rien d'ailleurs ne nous prouve que, dans la vie, une créature aussi saine, aussi bien équilibrée que cette Jeanne Boerk ne rencontrera point à son jour et à son heure l'homme auprès duquel il lui sera doux d'édifier un foyer.

Et voilà comment cet exemple peut nous servir d'argument contre ceux qui rendent le féminisme responsable de l'orgueil intellectuel qui sévirait chez certaines femmes et les éloignerait du mariage. Il n'y aurait pas eu féminisme, disent-ils, si la femme était restée dans l'ignorance. Il n'y aurait pas eu socialisme, disent certains conservateurs, si l'instruction n'avait point été rendue obligatoire. Comme si l'on pouvait arrêter l'eau d'un torrent. « On l'arrête d'un côté, elle pénètre de l'autre, elle bouillonne même par-dessous la terre, » pour me servir du langage imagé de Bossuet, parlant des coups inattendus de la fortune.

Il est impossible, disons même criminel, de paralyser l'éclosion d'une force telle que celle d'une intelligence humaine. Que ce soit celle d'une femme, ou celle d'un prolétaire, la culture intellectuelle ne se fait point dans un champ réservé, elle est essentiellement humaine, c'est-à-dire générale, pourvu qu'elle se fasse dans l'ordre et suivant les moyens dont chacun dispose.

Sans doute les Armande, les Philaminte, n'eussent jamais été les insupportables pédantes qu'elles furent, bouleversant toute leur maison, si le goût ne les avait pas pris tout à coup, d'une violence extrême, d'observer les astres et de philosopher, de faire des vers ou d'en écouter. Mais à qui la faute? N'est-ce point aux Chrysale qui les renvoient à la besogne de surveiller le rôt et de raccommoder les chaussettes. Molière, dans son génie, avait fort bien compris la chose lorsqu'il dressa en face du bonhomme Chrysale, un peu trop conservateur, le jeune Clitandre légèrement à gauche. Mais donnez à la femme des clartés de tout, dit-il, et il aurait pu ajouter : peut-être, alors, n'aura-t-elle plus cette soif dévorante du savoir qui la met en rage.

En effet, comme il est écrit quelque part, dans *les Caractères* de La Bruyère, que les femmes sont excessives en tout, il eût beaucoup mieux valu leur laisser déchirer complètement le voile de la science au lieu d'exaspérer leur curiosité en le soulevant par petits bouts. C'est cette parcimonie avec laquelle on leur débite le savoir qui fait qu'elles sont enragées à le conquérir et qu'elles se grisent de leurs conquêtes. C'est l'histoire de la tentation du paradis terrestre, qui pour la femme, sans cesse recommence. Voici l'arbre de la science qui grandit de jour en jour, couvrant de ses rameaux le monde entier, si bien qu'on le voit de toutes les places, de toutes les classes de la société. Eh bien ! certains rameaux, tout chargés de fruits, sont suspendus au-dessus de nos têtes de femmes, nous les voyons, nous les désirons, mais ils sont pour nous les fruits défendus. Qu'arrive-t-il? Ce qu'il arriva au paradis terrestre, nous y touchons malgré la défense, et nous les mangeons en cachette !

Voyez en politique par exemple. On permet à la femme, à la jeune fille d'être au courant de toutes les questions, puisque partout on les discute. La femme même exerce une certaine influence politique : elle a un salon politique, elle séduit l'homme politique et le retient dans les lacs de ses charmes, mais quand il s'agit d'émettre en public des opinions politiques, de prendre des responsabilités, de cueillir des fruits en plein jour, les dirigeants refusent leur autorisation. Ce n'est point l'affaire des femmes de participer à la vie de la cité ouvertement, disent-ils ;

qu'elles fassent de la politique dans les coulisses, qu'elles fassent même de la mauvaise politique, ils y consentent car ils ne voient pas ou ne veulent pas voir le danger.

Mais le danger est précisément de laisser la femme s'exalter sans le contrôle de l'esprit raisonnable. Rien n'est meilleur pour réprimer les écarts de son imagination que de la mettre aux prises avec l'expérience. Son esprit pratique, et positif, quoi qu'on en dise, la fera sortir bien vite du royaume des chimères ; obligée d'agir et de rendre des comptes, elle pèsera ses actes et redeviendra femme, tandis que si vous la laissez dans l'inaction se monter la tête, elle fera l'homme et de triste façon.

Lorsque Proudhon, en pleine polémique avec Jeanne Deroin, s'écriait : « A la femme, la maison ; à l'homme, la place publique, » Jeanne fort justement répondait : « Puisque l'homme qui a la place publique et la cité peut aussi avoir la famille, la femme qui a la maison et la famille, veut aussi la place publique et la cité ! »

Mais je me laisse entraîner, je voulais parler de la culture intellectuelle de la femme et voici qu'en vraie féministe, je revendique ses droits politiques. C'est que je requiers toujours pour elle le vrai savoir, et qu'il n'y a qu'un moyen d'y parvenir : lui demander des applications de sa science et ne pas faire d'elle une demi-savante.

Or, c'est l'ignorance de la femme, ou plutôt cette demi-science dont on l'oblige à se contenter, qui fait tout le mal. Si la société moderne, lâchant la bride à tous les appétits, à toutes les curiosités, avait compris qu'il fallait hiérarchiser ces appétits, alimenter de bonne substance ces curiosités, au lieu de les refréner brutalement, elle aurait fait des femmes modernes, des humanistes et nous n'aurions point eu de féministes, et cette fois encore c'est le passé qui nous fournira les meilleurs exemples.

A quel moment le féminisme se déchaînet-il à Rome? Au moment où la femme, encore ignorante, garde de vieilles traditions, des croyances mortes dans une société qui les rejette. Les matrones étaient des femmes admirables pour veiller au culte du foyer lorsque la maison était simple comme l'âme de ceux qui l'habitaient. Mais lorsque se modifia la construction de la petite maison antique, lorsque le péristyle avec ses colonnes de marbre et d'or vint s'ajouter à la chambre unique, l'atrium, qui réunissait, le jour, les femmes à filer la laine, le soir, le père, la mère, les enfants, les esclaves autour de la table commune, pour un modeste repas; c'était l'indice d'une civilisation plus complexe, la femme devait s'y adapter. Quelle arme avait-elle alors pour se défendre contre ces besoins de luxe et de convoitise qui se déchaînaient chez un peuple grisé de conquêtes? Aucune, sinon cette vertu naïve, simple, ignorante, de la matrone antique.

L'erreur de Caton et des vieux Romains fut de croire que la femme pouvait s'en contenter, alors que le monde latin se transformait. Dans nos temps modernes, il y a encore bien des Catons parmi nous, qu'ils écoutent la leçon que leur donne le célèbre vieillard.

On venait d'édicter à Rome cette fameuse loi *Oppia* dont j'ai déjà parlé. C'était au plus fort de la seconde guerre punique. Elle défendait aux dames romaines d'avoir plus d'une demi-once d'or, de porter des vêtements de diverses couleurs, de se faire traîner en char dans Rome ou dans toute autre ville, à mille pas à la ronde, excepté dans les sacrifices publics. Il s'agissait de savoir s'il fallait oui ou non l'abroger. Aussitôt, et cette fois c'est Tite-Live que je cite : « Les dames que ni l'autorité du magistrat, ni la modestie de leur sexe, ni le respect dû à leurs époux ne pouvaient plus retenir dans leurs maisons, assiégèrent les rues et toutes les avenues du Forum, conjurant les citoyens qui s'y rendaient de ne pas mettre obstacle à ce que, dans un temps où la République était florissante et où la fortune des particuliers s'accroissait chaque jour, l'on rendît aux dames leurs anciens ornements. »

Et l'austère Caton, dans le splendide discours que lui prête Tite-Live, me semble animé d'un esprit prophétique. On dirait qu'il prévoyait notre féminisme, mais imbu des préjugés du vieux patriarchat, il manqua de clairvoyance pour en conjurer les égarements. Refréner violemment les abus par une recrudescence de l'autorité maritale, voilà tout ce qu'il trouva contre les passions déchaînées, tandis qu'il eût fallu les diriger, les discipliner, les éclairer.

« Si chacun de nous, Romains, avait conservé sur sa femme les droits et l'autorité d'un mari, nous n'aurions pas affaire aujourd'hui au sexe entier:.. » N'avons-nous pas maintes fois entendu ce même discours sortir de la bouche d'un antiféministe moderne, plein de bonnes intentions? « Maintenant que nous avons laissé enchaîner notre liberté dans nos maisons par l'esprit de domination de nos femmes, elles ne craignent pas de venir ici dans le Forum la terrasser et la fouler aux pieds ; et pour n'avoir pas eu le courage de résister à chacune d'elles en particulier, nous en sommes réduits à les craindre toutes ensemble. »

Mais non, ce n'est pas à chacune en particulier qu'il fallait résister, ô vieux Caton de la République antique, et vous, nouveaux Catons de la République moderne. Au foyer et seule en face de vous, la femme sera toujours maîtresse, c'est leur ignorance à toutes ensemble qu'il fallait dissiper, et le féminisme a raison lorsqu'il s'insurge contre vous en réclamant pour vos filles et vos femmes le développement de leur intelligence, une adaptation complète aux temps nouveaux. Nous avons devant nous d'ailleurs le plus bel exemple qui soit, à opposer à celui de nos ancêtres latines. Lors de la grande crise de 1914, que firent nos femmes déjà développées par une large culture? Elles renoncèrent d'elles-mêmes au luxe des véhicules, des ornements, elles furent les premières à se plier aux restrictions, et donnèrent toute leur activité, toute leur intelligence au travail national. Les dames romaines, en pleine guerre pourtant, n'avaient songé qu'à revendiquer une fausse liberté, une licence sans bornes, mais pourquoi s'en étonner, elles ne connaissaient point d'autre liberté?

Les Pères de l'Église qui vinrent six siècles après, alors que la corruption du vieux monde battait son plein, trouvèrent le remède. Ils demandèrent aux belles patriciennes de cultiver leur intelligence le plus largement possible. Et les sainte Paule, les Marcella, les Fabiola, les Furia, les Mélanie trouvèrent dans l'étude des lettres et des Livres saints, la vraie liberté sans qu'il leur parût nécessaire d'aller en groupe de manifestantes, au Forum, la réclamer.

Je sais bien ce qu'on pourra m'objecter : un grand danger se cache dans cette indépendance que crée la pensée. On comprend mieux la vie, la vie du siècle, mais on la juge et on y renonce! Sainte Paule a des filles, elle les quitte ; sainte Radegonde, un époux, elle échappe à son autorité et se retire dans un monastère ; sainte Jeanne de Chantal abandonne elle aussi les siens pour vivre sa vie ; une vie de sainte, sans doute ! Voilà bien de l'indépendance, et si le développement de la réflexion, qui n'est après tout que celui de l'intelligence, sous sa forme la plus profonde et la plus haute, aboutit à cette fuite loin du foyer, n'est-ce point le plus grand écueil à redouter ?

Mais qui nous dit qu'il n'y ait pour la femme dans la société qu'une place à prendre : celle du foyer ; qu'une mission à remplir, celle d'épouse et de mère ? Il y en a d'autres dans notre société moderne comme il y en eut d'autres dans la primitive Église. Ce qui importe avant tout, c'est de développer la femme suffisamment pour qu'elle comprenne non seulement la science et le monde, mais qu'elle se comprenne elle-même pour ne point manquer à sa vocation. N'obéissons donc pas sur ce point aux préjugés du nivellement démocratique. La femme y a été soumise depuis la chute : au gynécée chez les Grecs, dans l'atrium chez les Romains, dans les vieux donjons au moyen âge, dans les palais somptueux à la Renaissance, à Versailles au dix-septième siècle, dans les salons élégants au dix-huitième siècle. Elle n'avait alors de raison de vivre que par l'homme et pour l'homme, tandis qu'elle en a par elle-même et pour l'humanité. Ce préjugé, c'est encore le dernier mot de l'*Emile*, où le Rousseau tant aimé des femmes leur jetait à la tête qu'elles n'avaient qu'une intelligence bien primaire.

Relisez dans le livre V ce qu'il dit de l'instruction qu'il convient de donner aux femmes. Sous prétexte qu'elles ont l'esprit pratique, il ne veut pour elles que des connaissances pratiques. Sous prétexte encore que « la recherche des vérités abstraites et spéculatives, des axiomes dans les sciences, tout ce qui tend à généraliser les idées n'est point du ressort des femmes » ; il les supprime du programme, comme si le premier mot d'une éducation rationnelle n'était point précisément de fortifier les faiblesses et de donner à l'élève ce dont il manque. La femme a-t-elle oui ou non une intelligence humaine? Vous n'en doutez point, eh bien! alors développez humainement toutes ses facultés. Cette vérité si simple est pourtant celle que durant des siècles on a méconnue, et les exemples, si vous le voulez, ne manqueront point.

Voici ce que je relève comme programme d'éducation, dans un excellent ouvrage de M. Maulde de la Clavière sur *les Femmes de la Renaissance*. Tout d'abord : quelques menus travaux d'aiguille, tapisseries, filet ou autres, de la musique, non point de la musique suggestive ou légère, mais de la musique classique (ce conseil était sage). Puis comme lectures d'agrément : quelques livres élémentaires de piété et de morale ; comme sciences : quelques notions de physique, d'agriculture, de médecine (ces notions qui font les demi-savantes, les primaires) ; quelques explications philosophiques sur les grandes questions telles que le péché originel, la rédemption, l'immortalité de l'âme..., etc.

La jeune fille ainsi développée prenait mari et s'en allait à la cour. Quand c'était à la cour des Valois, étonnez-vous des désordres !

Mais voici qu'une mère, très en souci du développement normal et complet de sa fille unique, et en même temps, très au fait des nécessités de l'existence, Anne de France (bien des mères pourraient prendre modèle sur elle), prend dans ses *Entretiens* l'initiative d'une réforme de l'éducation de son enfant. Elle veut la défendre précisément de tout ce qui serait défauts féminins, par conséquent : exagération de la sensibilité, de l'imagination, de l'afféterie, de tout ce qui pourrait sentir le convenu, la recherche ; et veut pour sa fille la vérité, le sens du réel. Elle trouve pour cela le bon moyen : elle veut l'habituer à approfondir ses recherches, ses idées, de telle sorte que son raisonnement ait toujours l'appui de prémisses évidentes. Descartes n'était pas encore là pourtant, et il avait déjà comme disciple précurseur une femme, une reine, qui mettait l'évidence comme critérium d'une bonne formation intellectuelle.

Résumons ce programme par son côté négatif, nous dirons : point de culture superficielle, point d'idées fausses, point de fausses imaginations, mais de la saine raison, de la bonne logique, du vrai raisonnement. Vivès, le célèbre Espagnol qui fut le précepteur des enfants d'Isabelle la Catholique, corsera encore le programme. Les fillettes selon lui, presque en tétant, apprennent le latin, à treize ans elles sont rompues à la lecture de l'Écriture sainte, bardées d'histoire et de morale de Xénophon et de Sénèque, elles abordent l'exégèse biblique, se composent à elles-mêmes une religion philosophique. Et croyez-vous que cette formation ait fait éclore des femmes savantes à la manière des

Philaminte et des Armande? Pas du tout. Vivès pare au danger, en prêchant à ses latinistes de s'initier aux secrets de la cuisine et de la médecine usuelle : « Eh quoi ! s'écrie-t-il, une main un peu noire de charbon ne vaut-elle pas une main blanche, ouverte à tout venant ? »

Qu'avons-nous inventé, nous au vingtième siècle et qu'inventerons-nous au vingt et unième? Nous sommes bien proches encore de ce seizième siècle qui fut lui aussi chaotique, épris de besoins de vie pleine et complète, au milieu de luttes sanglantes : religieuses, politiques, alors que toutes les forces semblaient se heurter, se mettre aux prises. De part et d'autre, on a senti et l'on sent qu'il faut des femmes courageuses et fortes, et que l'on n'obtiendra cette floraison qu'en formant de solides esprits, par une véritable culture classique.

Nul besoin alors de différencier les programmes des études de filles et des études de garçons, le sexe se chargera de différencier lui-même la nourriture reçue, il ne prendre comme substance que ce qu'il assimile. Pourquoi alors dans notre enseignement, en France, en est-on encore à disserter sur la différenciation des programmes? Faut-il oui ou non enseigner le grec et le latin à nos filles, leur donner des notions de philosophie, ou un cours complet comme aux garçons? Et cette licence, cette agrégation auxquelles on veut à toute force donner un sexe pour maintenir bien distincte l'intelligence des filles de celle des garçons? Ce n'est pas la première fois que je défends cette cause de l'unification des programmes et pourtant, je constate bien tristement qu'elle est loin d'être gagnée, je dirai même plus, elle fait un pas en arrière. Faut-il qu'on ait peur de l'intelligence des femmes pour vouloir la renfermer ainsi dans d'étroites limites? Mais si, par essence, elle est si faible, si particulière, si dépendante du sexe, pourquoi les hommes craignent-ils tant de la cultiver à l'égal de la leur? Elle restera toujours une intelligence féminine. Si, au contraire, ils la croient capable de se masculiniser au point qu'ils ne la distinguent plus de la leur, eh bien ! ce sont de nouvelles forces apportées à la société qui en a tant besoin, nous n'avons pas le droit de l'en priver. Il n'y aura jamais trop d'esprits solides et clairs dans le monde, tandis que pas plus dans le sexe masculin que dans le nôtre, il n'y a à redouter une floraison trop riche de belles et fortes intelligences qui perdraient la société par un excès de pensée. La culture intellectuelle d'ailleurs, si elle est complète et bien comprise, apportera d'elle-même une sélection.

Mais ce sont là les préjugés égalitaires de notre démocratie qui croit supprimer les différences de nature, d'âme, de sexe, de race par ce seul fait que les mêmes méthodes d'instruction sont employées. Non, une intelligence de femme, à culture égale, restera une intelligence de femme, elle se virilisera en acquérant des qualités de mécanisme, mais restera toujours intuitive, pratique, plus assimilatrice que novatrice. Cela est du ressort du sexe, nous ne pouvons le nier. Mais si, parmi les femmes, il s'en trouve qui soient de vraies génies, car pour moi le génie n'a point de sexe, par une culture complète vous en permettrez l'éclosion et c'est cette possibilité ou, si vous le voulez, cette chance qu'il faut laisser ouverte, comme nous l'avons laissée ouverte pour le peuple en généralisant l'instruction. Nous courons des risques, c'est entendu, mais moralement, nous devons les courir. Dès que nous avons posé en principe qu'une intelligence humaine vaut en soi et par soi seule, nous admettons comme conséquence qu'il faut la cultiver. Les moyens, ce sont les livres, les matériaux même de la science, aux éducateurs de les choisir, aux éducateurs directs d'abord : père et mère, en étroite collaboration avec ceux qui ont charge d'ouvrir et de former les esprits de leurs enfants.

Que la sélection se fasse à temps et à propos, voilà ce qui importe. Qu'on ne laisse point nos filles pâlir sur des textes latins, des théorèmes de géométrie, si elles n'en retirent pour former leur esprit qu'une vague érudition ; mais que les esprits qui s'ouvrent, se fortifient et s'épanouissent au contact des belles-lettres et des sciences, ne soient par arrêtés dans leur essor. Rien n'est moins à craindre que les vraies savantes et je ne crois pas la science non plus incompatible avec les fonctions d'épouse et de mère. Je me suis laissé conter qu'en juillet 1920, une jeune femme s'était présentée à l'agrégation de philosophie des hommes : elle avait remporté tous les suffrages dans ce difficile concours. Elle avait pu mener à bien la préparation d'un examen et l'allaitement d'un petit bébé de quelques mois dont elle était nourrice (Rousseau bondirait à ce récit), le seul inconvénient avait été que, prise à l'improviste pour préparer sa leçon à l'oral (ces leçons nécessitent quelques heures de préparation en champ clos), elle avait dû envoyer chez elle un camarade pour prévenir que l'enfant eût à se contenter d'un biberon au lieu du sein de sa mère.

Voilà les nouveautés, les illogismes du féminisme diront certains ! Nullement, répondrai-je, ce sont les inconvénients d'un mauvais féminisme. Si l'on avait compris que le développement intellectuel de la femme ne nuisait en aucune sorte à ses fonctions d'épouse et de mère, on aurait cherché à établir dans la société des facilités à ce développement au lieu de l'entraver. Évidemment la tâche de la femme qui veut à l'heure actuelle faire un métier d'homme est accablante ; que la société, que l'homme surtout lui en tienne compte, qu'il continue à protéger sa faiblesse physique en y associant sa force. Qu'il complète son intelligence par l'échange de la sienne, mais qu'il ne voie pas toujours en elle une rivale. Nous sommes loin aujourd'hui de cet état d'esprit de deux époux rivaux dans une même carrière que nous présenta d'une façon si émouvante Mme Colette Yver dans son roman : *Princesse de science.* Après les dernières expériences, ce cas peut être mis au rang des exceptions. Des ménages charmants de médecins se fondent où l'homme trouve en la femme le doux et tendre compagnon qui l'achève, l'aide dans ses travaux, comprenant la science mais aussi la vie. Compréhensifs tous deux l'un de l'autre, leur union est vraiment ce qu'elle doit être : l'échange de deux personnalités conscientes. Quelle force nous pouvons ainsi introduire dans la société, et quelle solide assise à donner à la famille ! L'homme attentif au bonheur de sa compagne la suppléera dans ses fonctions aux heures si délicates de la maternité, et elle, reconnaissante de sa tendre affection, abdiquera avec joie, quand il le faudra, son métier d'homme.

Et si je représente ainsi de jeunes ménages modernes, ne croyez pas que ce soit *a priori*, je les ai observés et c'est au nom de l'expérience que je vous tiens ce langage optimiste. Seulement j'ajoute qu'il faut pour les fonder deux cœurs et deux intelligences libres, sans préjugés, bien ouverts à la vie, à la vie large mais dure que nous offrent les temps modernes.

Les faits vont donc contre la thèse de l'auteur de *Princesse de science*. La thèse néanmoins en elle-même valait d'être défendue. Il y avait eu danger, certes, à développer tout à coup une intelligence de femme et à lui donner un métier d'homme, sans préparation. Le mouvement s'opéra chez nous, en effet, assez brusquement ; nous pouvons encore nous en rendre compte par les divergences qui existent si souvent entre les deux générations que nous côtoyons : celle des mères et celle des filles ; de là aussi un autre inconvénient. Les premières femmes qui réussirent dans les carrières d'hommes, se trouvant seules, furent l'objet d'étonnement, sinon d'admiration : elles en éprouvèrent quelque enivrement ; elles tinrent par ailleurs à garder cette supériorité qui, non seulement, leur apportait l'admiration de la foule mais encore des satisfactions réelles : les joies de la pensée. Mais aujourd'hui que les femmes médecins, avocates, ingénieurs, professeurs, etc., se multiplient, l'admiration est en baisse, la femme le sent, et elle cherche une autre supériorité, plus solide : celle que donne une vraie personnalité, qui d'ailleurs ne violenterait point sa nature de femme.

Le nouveau problème est donc maintenant purement psychologique, il s'agit de savoir s'il est possible pour la femme de concilier la vie de l'intelligence et celle du cœur. C'est ce problème que j'ai essayé de poser dans toute sa complexité dans une étude que je viens de faire sur notre jeunesse intellectuelle et que j'ai intitulée *la Science et l'amour*. Il m'a semblé que le nœud de la question du féminisme psychologique se trouvait au point de rencontre de ces deux forces de nos âmes féminines, lorsqu'elles s'étaient développées indépendamment, sans se préoccuper l'une de l'autre.

Les joies de l'esprit, surtout au début de l'initiation intellectuelle, peuvent tromper une sensibilité de femme. Elle s'enthousiasme, se grise plus vite que son compagnon, et comme elle est passionnée, et que le propre de la passion est précisément de croire qu'elle se suffit à elle-même et qu'elle est éternelle, il se produit ce fait que bien des jeunes filles, au début de leur carrière d'intellectuelle, font vœu de se vouer à la science et dédaignent un peu trop tout ce qui ne l'est point. C'est une erreur dont l'expérience et la vie se chargent de les avertir. Tôt ou tard, elles rencontrent l'amour et c'est au moment de cette rencontre que le conflit éclate et que la sensibilité retournée juge alors la vie de l'esprit un peu trop sévèrement peut-être, car la révélation subite des exigences du cœur a toute la violence d'une réaction.

C'est ce développement de l'intelligence par trop indépendant de celui du cœur que j'ai voulu étudier en faisant dans un journal intime la psychologie de Madeleine Hastier, étudiante en philosophie, l'héroïne de mon roman. Elle s'est laissé prendre au mirage de la science, mais elle est plus excusable que d'autres, car elle choisit comme objet de ses études la vraie science, celle de la sagesse. Elle vit dans un milieu vertueux sans doute, mais assez morne et où on ne comprend point les exigences nouvelles d'un esprit cultivé comme le sien. Toujours repliée sur elle-même, elle ne connaît que ses livres et pas assez la vie, aussi le jour où cette dernière s'offre à elle, sous la forme d'un gentil camarade fort épris d'elle, mais qui ne la vaut pas moralement, elle souffre, elle lutte ; l'amour la tente mais un amour haut et pur ; et comme elle ne le trouve point, elle y renonce en le sacrifiant.

Madeleine Hastier représente bien cette nouvelle génération d'intellectuelles qui a déjà pris de la science cette haute tenue morale qui fait des femmes non plus pédantes et orgueilleuses, mais seulement conscientes de leur dignité d'être moral, de leur valeur dans l'effort constant qu'elles font pour la conquérir. Elles restent sensibles, mais rêvent trop beau, trop en dehors de la vie toujours médiocre, elles sont moralement romanesques.

Voilà ce qui pourrait expliquer dans une certaine mesure la crise actuelle du mariage dont M. Henry Bordeaux a étudié très scrupuleusement les symptômes dans son étude sur *les Mœurs d'après-guerre.* La jeune fille consciente de sa valeur d'être moral ne voudra point la sacrifier dans une union qu'elle juge mal assortie.

Une importante étape vient donc d'être franchie depuis la publication des *Cervelines* et, si nous remontons plus haut, depuis celle du curieux et émouvant roman de M. Marcel Prévost : *les Vierges fortes.* L'attitude de la femme vis-à-vis de l'homme n'est plus la même. Quelle haine Frédérique, la vierge forte, éprouvait pour l'homme dans lequel elle voit un tyran, qui voulait faire d'elle l'esclave de ses plaisirs. Nous ne comprenons plus cet état d'âmes. Nous n'avons plus de ces vierges fortes prises d'un saint enthousiasme pour la cause, et voulant mourir martyres du féminisme. La femme, en élargissant son intelligence, a trop bien compris qu'il n'y avait point antagonisme entre elle et son compagnon, mais intérêt commun, invincible attraction. C'est seulement lorsque cet élargissement se fait au hasard et sans principe que nous avons des « Cervelines », des Julie Monneron, l'intellectuelle dévoyée que M. Paul Bourget a si bien caractérisée dans son beau roman *l'Etape*. Julie Monneron est d'ailleurs une opportuniste, une amoureuse arriviste. Elle a du féminisme juste cette indépendance quipermet « d'aller et venir seule, de suivre toutes sortes de cours, de lire toutes sortes de livres, à la russe, à la norvégienne, » mais sans aucune joie, à preuve ses yeux impénétrables et mécontents, sa mine maussade, et cette nature inquiète qui lui fit chercher l'aventure, l'aventure d'amour dont elle fut la dupe car elle espérait en faire le moyen de réaliser les vagues aspirations qui soulevaient son être vers une existence un peu large, un peu comblée, où elle pût épanouir ses facultés. A quoi bon avoir goûté les poètes, appris l'histoire de l'art, connu la finesse de la pensée libre, si toute cette culture doit se résumer dans des préparations d'examen pour entrer à Sèvres, d'examen pour en sortir avec cet horizon : l'aride et pauvre carrière d'un professeur femme dans un lycée de filles.

La mission d'apôtre, le sacerdoce de l'enseignement, que comprend si bien Madeleine Hastier, n'avait aucun sens pour cette âme ouverte sur des horizons sans soleil, c'est-à-dire sans idéal, sinon ce pauvre et vaniteux désir de devenir un jour Comtesse Adhémar de Rumesnil. Voilà pourquoi sans discernement et par ambition, elle s'est jetée dans une aventure de cœur qui devient tragique ; mais ce n'est point à l'émancipation de son esprit qu'elle doit le naufrage de sa vie. La thèse de M. Bourget pour l'expliquer cache des raisons plus profondes. La malheureuse intellectuelle a derrière elle tout un atavisme de déséquilibrés : l'étape lui a manqué à elle et à toute sa famille. L'étape a manqué à beaucoup d'intellectuelles parmi nous et c'est bien souvent parce que le développement intellectuel se fait trop brusquement, trop indépendant de la famille, des principes et des traditions qu'il cause des déséquilibres et dans des vies isolées et dans des mariages mal assortis.

Madeleine Hastier, ma petite étudiante philosophe, comprend à temps cette rupture d'équilibre, elle s'essaye courageusement à faire l'éducation de sa sensibilité et à conjurer la crise. Elle est aussi de la lignée de cette autre héroïne de *l'Etape*, Brigitte Ferrand, elle a des principes, elle vit dans un foyer de vertu et de tradition. Son instinct maternel trouve dans ses petites sœurs de quoi se satisfaire, mais son instinct d'amoureuse cherche où se prendre. Il l'entraîne vers ce petit camarade de vingt ans qui l'aime de toute l'ardeur d'une passion sans contrôle, tandis qu'elle est déjà faite à la discipline intérieure, raisonne son amour et évite de tomber dans l'histoire de la chute banale. Elle ne trouve pas le bonheur, mais évite la faute. Ne présumons rien d'ailleurs des événements, l'avenir est là qui peut donner gain de cause à sa haute tenue morale.

Que cette conviction nous reste donc que si la culture intellectuelle est parfois un danger pour la femme, elle est le plus souvent une sauvegarde, à condition qu'elle se fasse normalement avec le concours de toutes nos facultés, à condition aussi qu'elle se fasse au foyer familial, qu'elle ne soit plus une exception mais une règle générale et que l'homme reconnaisse la nouvelle valeur de sa compagne et se hausse jusqu'à elle au lieu de se contenter de flatter sa demi-science et sa vanité !

CHAPITRE VI

LE FÉMINISME ET L'INDIVIDUALISME FÉMININ

Les femmes, dit-on, sont toujours victimes de leur individualisme et voilà pourquoi il est impossible de compter sur elles pour édifier une société, elles sont de par leur sexe antisociales. Elles ne voient qu'elles, elles ramènent tout à elles. Quand elles écrivent, c'est leur propre histoire qu'elles content le mieux, c'est-à-dire celle de leur sensibilité. S'occupent-elles d'œuvres charitables, elles ne comprennent bien que l'œuvre dont elles sont présidentes ou dames patronnesses, ou l'œuvre encore à laquelle elles ont donné le plus d'argent. Et voilà pourquoi les femmes en littérature n'occupent que le second rang, pourquoi elles commettent tant d'erreurs de jugement, pourquoi elles sont jalouses, querelleuses, vindicatives. Elles n'arrivent point à se grouper, ni à s'entendre, à moins qu'une grande passion commune les soulève comme dans la Révolution. Elles marcheront alors en colonnes serrées jusqu'aux Tuileries pour réclamer du pain; elles envahiront l'Assemblée nationale, coiffées du bonnet rouge, mais ne seront qu'en tout petit nombre pour aller sans bruit, raisonnablement, au Palais du Luxembourg, revendiquer leurs droits de citoyens. Observez d'ailleurs comme les syndicats féminins sont lents à se former, comme les femmes sont rebelles aux groupements professionnels, combien petit est le nombre des Mutualités essentiellement féminines!

Voilà le réquisitoire dont nous avons toutes entendu, avec maintes variations, le thème répété. En littérature le fait est même banal. On trouve chez de grands critiques que l'on ne peut pourtant point accuser d'antiféminisme, cette idée préconçue que l'individualisme féminin coupe les ailes à l'inspiration ou plutôt limite son vol dans le champ trop restreint d'une expérience personnelle. Sainte-Beuve parlant d'une Mme Tastu et d'une Mme Desbordes-Valmore s'exprime ainsi :

« Elles ont chanté, elles ont fleuri à leur jour, on ne les trouve que dans leur sentier et sur leur tige » ; une autre fois, il écrit à propos de George Sand et des raisons qu'il avait de se méfier de son talent, lorsqu'à deux mois de distance après *Indiana*, elle donnait *Valentine*, un nouveau roman : « Il semblait facile à la critique de discerner dans *Indiana* la portion des souvenirs et celle de l'invention, de conjecturer jusqu'à quelle page l'auteur était allé avec sa part d'émotions propres et de confidences plus ou moins déguisées. Or, précisément, au delà de ce point, bien que certes l'éclat de peinture fût loin de défaillir, l'intérêt et le charme s'évanouissaient. Une telle différence d'impressions si tranchée et si brusque, ne paraissait-elle pas signifier que probablement le talent de l'auteur d'*Indiana*, ainsi que celui de tant de femmes, avait pour limites la réalité restreinte d'une situation unique. »

Ce dernier mot lapidaire achève le réquisitoire et nous explique cet autre jugement porté si souvent par des critiques modernes sur des œuvres littéraires signées par des femmes. Il est simple et se résume en une proposition : c'est bien une œuvre de femme ! et l'on s'abstient d'autres commentaires. Commentons nous-mêmes à l'aide de Sainte-Beuve et nous conclurons : la femme n'invente point, elle exprime son individu borné à une situation unique, par conséquent la femme est par nature individualiste, et son individualisme est pauvre comme son individu !

La femme est par nature individualiste, je le veux bien si l'on entend par là que la femme est souvent dominée par l'instinct maternel qui la pousse à se ramasser tout en soi. La fonction qui lui est échue de garder, de nourrir dans son sein le germe fécondé dont elle dotera l'espèce, tend à faire d'elle un être de concentration. Cet instinct maternel colore la plupart de ses sentiments, dicte presque tous ses gestes. On dirait qu'elle est toujours prête à ouvrir tout grands ses bras, pour accueillir ce qu'elle aime comme son enfant, mais à les refermer aussitôt, de peur que le trésor saisi ne lui échappe. Peut-être est-ce dans cet instinct qu'il faut chercher la source de son individualisme souvent trop étroit ; elle croit à l'éternité de sa fonction de mère alors que la nature même lui assigne un terme et qu'elle ne porte dans son sein l'enfant que neuf mois. Sans doute c'est cet instinct indiscipliné qui fait les mères despotes, qui fait aussi les belles-mères, sans épithète (on leur en a déjà tant donné), qui explique aujourd'hui le grand dissentiment qui naît si souvent entre mère et fille, et dont nous, spectateurs impartiaux de deux générations, nous sommes les témoins. C'est la lutte entre l'individualisme très court de la mère, car il se borne à l'instinct de conservation de la race et l'individualisme, tout court, de la fille, qui n'entend point en rester à ce stade animal. Que de mères souffrent affreusement de cette indépendance forcée que prennent leurs filles, indépendance des sorties seules, des séances aux cours, à l'atelier, au dispensaire, à l'hôpital ! Elles ne peuvent pourtant plus les accompagner partout, car l'activité de l'éducation moderne prend mille formes ; et puis dans les amphithéâtres, dans les grandes écoles, au P. C. N., ce sont des conférences fermées dont on leur interdit l'entrée ! Et les filles échappent aux mères, qui eussent voulu toujours les serrer dans leurs bras. Cruelle expérience que les filles referont à leur tour, mais plus stoïquement, car elles y seront mieux préparées. C'est la branche qu'il faut séparer du tronc quand elle peut avoir sa vie propre, ou que trop lourde, elle risquerait de faire éclater le vieux tronc. C'est le passage de l'individualisme instinctif et pauvre à un individualisme plus riche, plus large, à la fois altruiste et rationnel ; dans cette distinction se trouve, je le crois, le nœud du problème.

Mais auparavant, pour rendre d'une façon vivante et concrète ces deux formes d'individualisme, j'évoquerai ces deux types de mères, que dressa l'une en face de l'autre, Paul Margueritte dans le poignant roman qu'il intitula : *Nous, les mères* ! Deux mères veuves ont uni leurs enfants, Julia et Raymond. L'une a donné sa fille, avec l'idée de la garder, elle va vivre chez elle ; l'autre a donné son fils avec générosité : elle accepte de vivre seule, en province, loin de lui, pour qu'il ait toute la liberté d'édifier à sa guise un foyer dans la capitale. Et voilà qu'un enfant naît de cette union. Les entrailles de la mère généreuse tressaillent de joie, elle prend le train, court tout heureuse embrasser cet enfant qui est comme le prolongement de sa chair, quelque chose de son sang, mais son élan se brise devant les portes closes du formidable égoïsme de l'autre mère qui, après la fille, absorbe le mari, et puis encore l'enfant, et devant ce berceau aux rideaux de dentelles, qui abrite le petit être innocent, blanc et rose, c'est un duel poignant où triomphe un égoïsme sans dignité, sans pudeur, et la mère vaincue se retire avec cette plainte douloureuse et aiguë contre l'autre mère : « Elle est mère sans doute comme je suis mère de Raymond, une mère ardente, une mère jalouse. Je ne nie pas ses mérites, elle a été une couveuse modèle, passionnée, c'est une hystérique de l'amour maternel. Sa devise est : ses filles d'abord, elle ensuite, puis personne... J'aime Raymond, oui, avec ma faiblesse de femme trop tendre... mais en le souhaitant chaque jour meilleur, plus noble, supérieur aux autres. Et si l'on me reproche d'être jalouse, oui, je le suis, mais ma jalousie n'est pas basse. Non, non, elle est tristement humaine. Si je suis jalouse de Julia et par suite de sa mère, c'est que leur influence ne vaut pas la mienne, c'est qu'elle ne lui prépare aucun bien. »

Et nous voyons par cet exemple comment on peut sans violenter la nature, sans contrecarrer l'instinct, le diriger et faire en même temps évoluer l'individualisme. L'individualisme instinctif de la femme n'est donc point en lui-même exclusif de l'altruisme, il est une force avec laquelle il faut compter sans doute, mais que l'on peut modérer. Néglige-t-on de le surveiller, c'est lui qui nous mène : il agit sournoisement en nous, revêt tous nos actes de ce caractère d'absolutisme, de passion, que l'on reproche tant aux femmes, ou bien encore il fait son œuvre naturelle d'enfantement, mais la prolonge au delà du terme ! Il fait les mères despotes et accapareuses, les épouses jalouses et querelleuses. Ce n'est pas sans raison que nos bons vieux fableaux ont tapé à bras raccourcis sur l'épouse acariâtre, la femme à scènes, elle existait, elle existe encore ; le bon féminisme en débarrasserait le monde, mais voilà un argument qui devrait gagner à notre cause parmi les hommes, les maris querellés, ils sont plus nombreux encore que les maris trompés !

Car, notons-le bien, les femmes jalouses, les mères despotes ne sont point féministes, elles sont trop aveuglément menées par leur instinct individualiste pour pouvoir le mener. Comment alors nous accuse-t-on, nous, les féministes raisonnables, d'aboutir à cet individualisme qui n'est plus de mode, paraît-il, chez ces messieurs? Pourquoi irions-nous tout à coup le mettre au pinacle? Je n'invente rien, je ne fais que reproduire une phrase d'un article du *Temps* où M. Abel Hermant avec beaucoup d'esprit m'avertit de la chose. J'en ai pris bonne note, et je crois que pour y répondre, il importe avant tout de nous entendre sur le sens à donner à ce mot : individualisme. La femme est portée naturellement à se replier sur soi ; l'homme, plus social, le fait par esprit de révolte, plus peut-être que par tendance naturelle. La révolte peut naître aussi dans le cœur de la femme, et à ce compte-là, son individualisme naturel ne fait que s'accentuer. L'individualisme appartient donc à l'homme aussi bien qu'à la femme, il est humain, il est une forme de cet éternel conflit entre la morale individuelle et la morale sociale dont il semble que nous ne verrons jamais la fin, à moins de nous entendre sur des principes absolus et divins. Voilà pourquoi aussi le dix-huitième siècle, siècle sceptique, grand négateur de principes, devait être avant tout favorable à l'individualisme. Rousseau en témoigne, c'est lui qui porte le drapeau, mais presque à la manière féminine. La société le froisse, froisse sa sensibilité et voici qu'il se replie tout en soi. Mais quelle est cette société qui le froisse? Est-ce l'humanité groupée, organisée? Nullement, c'est le monde des salons auquel il se trouve malgré lui mêlé parce qu'il a du génie et que ce monde a besoin des lumières de l'esprit, en même temps que de celles des bougies et des pierreries. Mais il est gauche, il est ours, il fait mauvaise figure, lui, l'homme des promenades à pied, le rêveur solitaire, le chemineau qui dort à la belle étoile. Il le sent, il en souffre et il s'interroge. Il compare cette collectivité médiocre qui l'écrase à son individu génial : son individualisme éclate. Mais il n'est point nécessaire d'être génial pour tomber dans ce piège, de la nature individuelle en révolte contre la société qui la gêne. Demandons-le aux femmes du dix-huitième siècle, disciples de Rousseau, et vous verrez que leur individualisme n'est pas autre chose qu'une réaction de leur être sensible avec ses goûts, ses passions, contre les formes convenues d'une société qui en paralyse l'expansion.

Mlle de Lespinasse est pleine d'intelligence, d'esprit, elle vit avec d'Alembert, dit-on, en platonique ménage, mais son âme ardente, passionnée, qui « aime pour vivre et vit pour aimer », secoue le joug des conventions sociales. Mme du Châtelet aura beau, elle aussi, vivre une vie sociale très remplie, dépasser même de beaucoup le niveau de la culture intellectuelle des salons, se livrer à des travaux de recherches comme un vieux savant et damer le pion à Voltaire, elle se révoltera contre un état social qui la réduit à la portion congrue de l'amour conjugal et aimera Voltaire passionnément, si bien qu'elle ira, lorsqu'elle sera lassée de l'indifférence égoïste du grand homme, se jeter dans les bras de Saint-Lambert, passion tardive, un peu folle et qui finit tragiquement. Mme du Deffant attendra jusqu'à soixante-dix ans pour mourir d'amour pour Walpole.

Voilà l'individualisme de nos salonnières du dix-huitième siècle, c'est bien l'instinct qui les mène dans l'absolutisme de la passion et le met en révolte contre un ensemble de coutumes qui lui font obstruction. C'est leur instinct d'amoureuses qui s'élève contre la fausse galanterie des salons.

Mais ne nous y trompons point ; si cet individualisme n'est point le féminisme, il le prépare toutefois, et nous pourrions bien y voir une sorte de féminisme partiel, sentimental, et c'est à Rousseau d'accepter d'en être le père, lui, l'auteur de l'*Emile*, le livre d'éducation le plus opposé aux principes du féminisme, tel que nous l'entendons. En effet, courons au romantisme et vous me donnerez raison.

George Sand est individualiste ; comme telle, elle émet des théories féministes, et cependant nous n'en ferons pas une féministe. C'est une révoltée, elle aussi, contre un état social, qui gêne son individu, et tous ses romans sont autant de thèses mises au service du droit d'aimer librement ; mais comme son individu est passionnel et qu'il se renouvelle avec chaque passion, ses thèses manquent d'unité et sont inefficaces. Dans *Indiana* et *Valentine*, c'est Mme Dudevant qui, souffrant d'une union mal assortie, se révolte contre l'institution sociale du mariage. Mais lorsque l'expérience se déroule pour elle des successifs amours, lorsqu'à Sandeau succède Mérimée, puis Musset, « l'enfant blond aux blanches épaules », elle ne pourra plus décemment défendre le mariage même bien assorti : la femme a droit à une apparente galanterie, pensera-t-elle ! C'est ce qu'elle va peindre dans le *Secrétaire intime*. Et comme il faut avant tout qu'elle se justifie, et que c'est le propre de l'individualisme de montrer que l'individu a raison même dans ses déportements contre la société, la thèse de Jacques ne sera ni plus ni moins que celle qui pose en principe le droit aux multiples amours. Et voici en effet la thèse féministe qui pourra se dégager de ce formidable individualisme passionnel : c'est une sorte de mysticisme érotique, qui fait de l'amour un dieu, une force de la nature, commandant impérativement. Impératif catégorique d'une part, de l'autre droit correspondant. La femme a droit à remplacer aussitôt par un autre amour, tout amour qui semble épuisé dans son âme et cela autant de fois qu'elle en sentira la force et le courage.

L'amour n'est-il point un appel qui vient

de haut et qui n'émane point d'elle? Les féministes saint-simoniennes, au ruban ponceau, de 1830, soutiendront cette thèse de l'individualisme anarchiste exubérant, pour me servir de l'épithète qu'un sociologue moderne applique à l'une d'elles : l'ardente petite brune, Claire Démar. Elle fut le champion de la loi d'inconstance, qui seule, dit-elle, affranchirait les femmes ! Elle revendiqua l'expérience de la matière par la matière, de la chair par la chair, et ne trouva pas l'argument final du bonheur : elle aboutit au suicide. Cet insuccès ne découragea point ses sœurs en la doctrine saint-simonienne. Suzanne Voilquin, lorsqu'elle eut découvert chez son frivole époux une tendance à la mobilité (pour me servir du langage fouriériste), libéra son mari pour qu'il pût aller à de nouvelles amours, et dans la *Tribune de la Femme*, elle expose les raisons des sacrifices qu'elle faisait aux idées nouvelles : « Je suis seule maintenant, mais j'ai mis un homme au monde en déposant mes droits sur l'autel de l'humanité, et en le faisant libre. »

C'est ainsi que l'individualisme sentimental s'exalte et se donne des apparences de raison. Il peut alors s'ériger en dogme, il peut fonder une doctrine, et devient le féminisme, je veux dire un féminisme sentimental anarchiste que réprouve la raison.

Ce ne fut pas tout à fait le cas des romantiques. Le romantisme laissait les individus trop séparés pour aboutir au féminisme. Cultiver son moi, son jardin secret, l'orner des plus belles plantes, des arbres les plus rares, ce n'est pas cultiver le jardin féminin en général, à preuve George Sand ; elle lâcha sans aucune pudeur les féministes dès qu'elles commencèrent de s'organiesr, de fonder des journaux, de publier des articles où elle était directement visée. Elle protesta énergiquement contre l'article écrit dans la *Voix des Femmes*, au sujet de la candidature que lui offrait le Club des Jacobins, tandis que Jeanne Deroin bravait l'opinion et faisait une véritable campagne électorale en 1849.

Jeanne Deroin avait franchi le stade de l'individualisme étroit sentimental où se cantonnent malheureusement la plupart des femmes, tandis que George Sand ne l'avait point franchi malgré tout son talent : aussi ne nous étonnons point si l'œuvre prodigieuse de cette femme, riche de tant de vie et de variété, est souvent discutée. Il lui a manqué ce qui vraiment achève le génie et le consacre : une harmonieuse unité. C'est donc que son individualisme n'avait point les caractères d'une vraie personnalité, il ne portait point la marque de cette unité consciente, voulue, qui fait une personne et que l'on doit retrouver à toutes les phases de son évolution. Il fut créateur dans le domaine esthétique, mais ne le fut point dans le domaine moral et social, bien que l'illustre romancière ait plus d'une fois abordé et discuté les questions sociales.

Méfions-nous de cet individualisme féminin à forme intuitive et passionnelle ;

s'il peut fournir des armes de combat aux féministes, il peut aussi les égarer. Et à ce sujet, relisez ces deux pièces à thèses qui firent date dans l'histoire du féminisme et parurent l'une en 1895, l'autre en 1897 : ce sont *les Tenailles* et *la Loi de l'homme* de M. Paul Hervieu. Toutes deux posent le problème angoissant du mariage, institution sociale, dans laquelle la femme est loin d'avoir sa part égale ; mais la femme le pose chaque fois au nom de sa propre expérience individuelle et sentimentale et n'aboutit pas. Dans *les Tenailles*, Irène, l'héroïne principale, n'a qu'une raison pour divorcer, c'est qu'elle n'aime plus son mari et « lui en veut de ne plus l'aimer ». Et comme elle n'obtient pas le divorce, car elle n'a pas les moyens légaux de l'obtenir, elle s'engage dans l'aventure la plus banale et la plus dramatique qui soit : l'adultère introduisant au foyer l'enfant de l'amant. Puisqu'elle a perdu l'amant, c'est l'enfant qu'elle aimera éperdument avec l'instinct d'une lionne, et qu'elle voudra défendre contre l'autorité d'un père qui en réalité ne l'est pas.

« Ce ne sont pas les mères qui s'abusent sur leurs droits, s'écrie-t-elle... Nous les sentons, nous autres, se former en nous avec l'enfant même. Et nos yeux voient ces droits naître de nous, attachés à nos propres entrailles. »

Pour la deuxième fois, elle se heurte contre cette barrière infranchissable : le code, qui donne à l'homme tous les droits : « Une fois de plus, j'ai raison, à l'encontre de vos utopies, de par la loi... » reprend son époux.

Elle n'a plus alors pour se défendre qu'à crier sa faute en faisant appel au droit naturel qu'a créé la maternité en elle, puisque le droit positif est muet sur son cas.

Dans la *Loi de l'homme*, la révolte est légitime. Laure, la femme trompée, veut rompre un contrat qu'elle est seule à tenir, elle veut le divorce, cherche les moyens de l'obtenir, mais comme légalement elle ne peut y parvenir, c'est encore la révolte de l'instinct qui la guide : « Au milieu de cette société qui se désintéresse de ce qui m'est dû, s'écrie-t-elle et me livre seule à mes instincts, ce n'est pas ma faute si je n'ai plus à compter, comme une bête, que sur mes cris et mes griffes. » Je me demande ce que ferait une femme aujourd'hui dans la situation de Laure, c'est-à-dire vingt-cinq ans après. Sans doute quelques adoucissements en faveur de la femme ont été apportés à cette législation du divorce, mais j'imagine que son premier mouvement, au lieu de recourir aux cris et aux griffes, serait de consulter un avocat, peut-être une avocate, et non point ce commissaire de police qui fait vraiment dans le drame piteuse mine, et qui sait si elle ne constituerait pas elle-même son dossier avant de reprocher à son mari ses maîtresses? Elle aurait au moins de la dignité et ce serait un juste retour de la loi d'équivalence basée sur la valeur de la personne morale. Beaucoup de femmes en effet connaissent aujourd'hui le code, et peuvent s'y débrouiller, et la plupart de nos jeunes filles veulent des notions de droit dans leur bagage intellectuel. Voilà une belle conquête qu'elles ont eu raison de tenter. C'est le seul moyen pour elles d'arriver enfin à l'éclosion complète de leur individu-femme, de l'être humain qu'elles portent en elles et de dépasser le stade inférieur instinctif et passionnel ; il est temps qu'elles prennent conscience de ce qu'elles sont et de ce qu'est la société pour elles.

Mais cet épanouissement de l'individu complet en la femme, individu altruiste et rationnel, est-il réalisable? On l'a discuté pour les raisons que nous venons d'examiner en mettant en avant notre nature instinctive et mystique ; mais n'est-ce point une raison décisive au contraire, puisque nous sommes portées à l'individualisme, de ne point nous y dérober et de chercher à le réaliser en plénitude. Or, c'est tout le contraire que la société jusqu'à présent a tenté de faire. Elle a laissé la femme volontairement dans cette demi-obscurité si favorable à l'instinct et au mysticisme si vous entendez par là un mysticisme passionnel, plus dangereux que l'instinct peut-être, car il est moins sûr : elle a fait de la femme, de l'humain exalté par réaction, alors qu'elle en voulait faire de l'humain réduit, comme s'écrie l'héroïne Mary, de Wells, dans son roman si émouvant *les Amis passionnés*. « Le sexe féminin n'est pas humain, dit-elle, c'est de l'humain réduit, c'est le sexe, comme on disait à l'époque Victorienne... La femme est spécialisée pour l'élevage de l'enfant non seulement naturellement et physiquement, comme les animaux le sont, mais mentalement et artificiellement. » Or voici le danger, cette spécialisation n'empêche pas la révolte qui s'effectue alors comme elle ne devrait pas. « Parce que, spécialisées comme nous sommes, nous ne le sommes pas complètement, au premier espoir de chance, nous abandonnons nos berceaux, nos casseroles et nos poêles, pour les possibilités élégantes et accessoires de notre spécialisation. Nous sortons de nos maisons pour avoir nous aussi un peu de bon temps comme les hommes ; habillez-nous, nourrissez-nous, jouez avec nous, nous vous récompenserons par le plaisir. L'État, nous nous en moquons... Comment protégerez-vous ce grand État de vos rêves contre l'individualisme de la femme?... Vous nous traitez comme une quantité négligeable et nous le sommes autant qu'un feu dans une charpente en construction. » Et l'on pourrait ajouter que la charpente sera consumée si cet individualisme étroit ne s'éduque et à brève échéance. Mais écoutez encore cette héroïne, dont j'aime la plainte passionnée :

« Nous nous en allons en morceaux et c'est cela qui causa autrefois le déclin de Rome. Les femmes se corrompirent alors et les femmes en font autant aujourd'hui... Et cela ne sert de rien de nous dire d'en revenir aux anciennes vertus, elles sont pour nous ce qu'elles étaient pour Rome. Vous pouvez dire à une femme d'en revenir au rouet, à la cuisine, quand vous avez des filatures, des cuisiniers, des hôtels, des restaurants et des nurseries. Cela ne servira de rien, ce qu'il nous faut, c'est acquérir de nouvelles vertus, je ne sais comment... » C'est bien ce mot qu'il fallait dire, le monde a changé ; à un monde nouveau, il faut des vertus nouvelles, mais nous savons comment les acquérir, nous qui n'avons point perdu la notion d'un idéal et qui avons compris ce qu'étaient nos natures de femmes, lorsque nous avons cherché dans l'effort et le travail à leur faire rendre une valeur humaine.

L'individualisme auquel aboutit notre féminisme, mais c'est précisément la négation de l'individualisme borné, impersonnel du « sexe » qu'analyse si bien l'héroïne de Wells, et qui fait de la femme un être de futilité... Écoutez-la cette fois encore... « Chacune d'entre nous a payé son petit tribut à la maternité à peu près comme fait une femme de ménage tous les deux ou trois ans quand elle a du temps à perdre, c'est notre plus profonde réalité. Le reste n'est que futilité.

Nous passons dans le monde, en nous habillant, nous recevant l'une l'autre avec toutes sortes de cérémonies... nous babillons sur les réformes sociales, nous « découvrons » un artiste, un musicien ou un conférencier... nous essayons de croire à l'amour... et la plupart d'entre nous font de leur mieux pour exercer cette fascination que l'on attend de nous. »

Quelle merveilleuse psychologie de la femme consciente du rôle factice et mutilé que lui donne la société, alors qu'elle sent fermenter en elle toutes les énergies qui lui permettraient l'éclosion d'une vivante personnalité. C'est cette personnalité pourtant dégagée, mise à sa place, qui pourrait régénérer le monde, le recréer moralement, constituer son capital inaliénable de vertus et de force.

« Nous sommes le cœur de la vie, dit encore Mary, le berceau où grandit l'avenir, et vos plans, messieurs, nous ignorent. Il faut faire quelque chose pour les femmes...

tout sera encore en question tant que ce ne sera pas fait, il faut les libérer du joug intolérable du sexe auquel le reste de la vie : le respect, la liberté, le rang social, sont soumis. Il faut les empêcher de gâter tout le cours du progrès, de réduire à néant tous les essais de l'humanité, d'exciter les hommes et de les détourner de leurs idées de fraternité. Car tandis que l'homme invente, crée, fait des miracles, la femme transforme tout en achats, en robes, en ameublements, en une immense parade d'orgueil. »

Mais je m'arrête de citer. Voilà dressés en face l'un de l'autre ces deux types de femmes qui sont en train de combattre dans notre société française moderne, dans un duel émouvant, presque tragique. L'une est forte de tout son passé de féminité secondaire, d'hypocrisie, de mensonge, de ruse, de séduction basse, de force intuitive, aveugle et lâche. Elle a pour elle tous les profiteurs de sa beauté, de son luxe, de sa parade, de son « Éternel féminin » mutilé. L'autre est forte de son humanité tout entière, de son « Éternel féminin » développé, de sa conscience claire, de son idéal vivant, qui plonge dans l'absolu et jamais ne la déçoit ; elle a pour elle l'humanité qui pense, qui comprend sa mission d'être raisonnable, et libre et qui croit à l'avènement du beau et du bien. S'il est vrai qu'un jour sa mission s'achève, dans une société meilleure d'êtres plus conscients et plus développés, c'est la femme nouvelle qui doit vaincre : celle qui travaille, qui pense, qui ouvre la première les chemins, douloureusement, comme une pionnière d'avant-garde, sans craindre les broussailles, ni les ravins, en attendant que devenue Béatrice elle les éclaire par la seule force de son rayonnement.

Regardons à quelques siècles en arrière : des femmes de ce modèle-là, mais il y en a déjà. Elles sont rares, je le veux bien ; on les compte, mais leur œuvre a tenu bon contre les attaques d'une féminité lâche. Elles ont surgi, lorsque les malheurs, la souffrance intime eurent éveillé en leur âme l'humain assoupi par les rêves grisants du sexe trop adoré. Oui, bien loin derrière nous, dans ce moyen âge aux courtoises et menteuses chansons, une Christine de Pisan se trouve tout à coup seule, sans époux, sans argent, sans appui, dans une Cour qui n'a point de cœur, avec trois petits enfants. Alors elle se met à la besogne, elle travaille comme elle sait : elle chante, non point sa propre misère, mais nos gloires communes : Jeanne d'Arc, la France, et elle se retrouve plus humaine et conquiert une personnalité : seule, elle est quelqu'un.

Bien des siècles après, en pleine période révolutionnaire, une femme encore s'élève. On l'accuse de ne point être femme, de s'être montée la tête avec ses héros à la Plutarque dont elle a fait enfant sa lecture journalière. Peu importe, elle s'est fait ainsi un idéal qui permettra l'éclosion d'une personnalité. Elle mourra sur l'échafaud sans trembler après avoir passionnément aimé, sans lâcheté, et vécu sans faiblesse auprès d'un époux en somme assez moyen, quoique ministre. C'est Mme Roland. Sa personnalité ne fut pas gênante, car elle fut intelligente et bonne. Comprenant tout, elle se mit à tout, aux plus humbles soins du ménage, aussi bien qu'à rédiger les rapports de son mari dont elle était avisée et fidèle secrétaire. Elle fait la cuisine, « sèche des raisins et des prunes, fait des poires tapées qui sont délicieuses », s'occupe de tous « les petits soins de la vie cochonne » et n'en tient pas moins excellemment le salon du ministre.

Mme Roland, disciple de Rousseau, s'est développée par elle-même beaucoup mieux que ne l'eût fait son maître, l'auteur de l'*Emile*, s'il avait eu à faire son éducation.

Une autre personnalité encore et qui fait parfaitement saisir ce que peut et doit être l'individualisme bien compris, c'est Mme de Staël. Elle fut profondément humaine et pourtant bien femme. Elle désira l'amour passionnément, mais dans l'ordre. Elle le désira en femme, c'est-à-dire absolument, mais aussi en être humain, généreusement, pour faire rayonner sur autrui le bonheur dont il déborde. Elle ne le trouva point, mais la vie pour elle ne fut point arrêtée. Elle s'épanouit dans la pensée, dans les livres, dans la société ; qu'aurait-elle donné dans l'action, si le hasard l'eût fait naître dans un autre siècle que celui d'un Maître despote qui ne se souciait guère de féminisme?

Beaucoup peut-être, mais ce serait dépasser notre rôle de psychologue que de le présumer. Tout ce que nous pouvons conclure de cette évocation rapide de trois figures de femmes, vraies personnalités dans le passé, c'est que les personnalités féminines dans tous les temps n'ont point manqué ; si malgré tout, elles furent rares, c'est que la société ne leur a point permis de se montrer. Les vraies valeurs arrivent toujours à percer, dit le bon sens populaire, chez les hommes peut-être, mais chez les femmes non point. Pensons à tout ce concours de circonstances favorables qui mirent en vue une Mme Roland, une Mme de Staël, et à ce coefficient d'une valeur inappréciable qu'elles eurent à leur disposition : le succès. Combien de femmes comptons-nous qui naissent dans de telles conditions? Combien peu trouvent ce milieu qui porte, ce succès qui aiguillonne ! Alors au lieu de nous étonner qu'elles aient si peu donné, étonnons-nous plutôt qu'elles aient donné quelque chose, dans des conditions aussi défavorables.

Le féminisme de notre époque est démocratique, il faut le voir tel qu'il est. Le salon s'est changé en laboratoire, en hôpital, en amphithéâtre, en bibliothèque, en usine, en atelier, en bureaux administratifs, en salles de plaidoiries, en plaines agricoles, bientôt en Chambres des députés, il faudrait donc, pour que la femme y donnât sa mesure, qu'elle n'y rencontrât pas d'obstacles, une bienveillance non seulement condescendante et ironique, mais confiante ; alors cette timidité, cet amour-propre, ce manque de sincérité qui sont des défauts d'esclaves, disparaîtront, et la femme achèvera son développement.

Peut-être viendra-t-elle l'heure où s'épanouira le génie féminin. Elle est venue déjà pour les âmes religieuses. Il est curieux de constater en effet que les génies féminins les plus complets, soient des saintes. Le génie prend alors chez la femme sa forme la plus haute, c'est la voix de Dieu, qui résonne en elle, il semble qu'elle soit vraiment prédestinée à l'incarnation du Verbe. Jeanne d'Arc a non seulement le génie militaire d'un Napoléon, mais un génie moral, celui qui opère le miracle de rendre le courage à de lâches déserteurs, la volonté à des hommes qui n'en ont plus, le sens du devoir à une cour efféminée, à un roi veule qui perd nonchalamment son royaume. Quant à la fille du teinturier de Sienne, cette autre sainte, pauvre, ignorante et ignorée, elle lutta contre la politique d'un temps de brigandage, de pillage, de viols, de guerres injustes et coupables, de crimes abominables! Elle fut la messagère de paix, trouvant le mot qu'il faut pour éclairer les consciences. Elle ne mania pas l'épée, mais sa parole fut plus pénétrante qu'un glaive. Elle ouvrit les âmes au soleil du Bien, et les guerres s'apaisèrent.

Et pourtant une Jeanne d'Arc, une Catherine de Sienne, se comptent pour rien. Elles savent d'instinct que le génie est impersonnel, qu'elles ne sont que des instruments de Dieu et du Bien, elles restent humbles, et ce dernier trait est la caractéristique du génie sous sa forme la plus haute.

Sans doute, diront nos adversaires, vous avez parmi les femmes des saintes géniales, mais des génies de forme plus humaine, vous n'en avez point ou fort peu! Parmi nos compagnons peut-on en compter davantage? Je ne le crois pas et qu'ont-ils fait d'ailleurs pour les faire naître chez nous? Des luttes mesquines qui usent les courages comme les talents, voilà le lot de ces femmes pionnières. Demandons à toutes celles qui ont fait seules leur chemin ce qu'il leur a fallu de volonté pour lutter non seulement contre l'égoïsme des hommes, mais contre celui des femmes qui ne voulaient point sortir de leur mesquine féminité. Aujourd'hui bien des améliorations ont été apportées, dans les carrières libérales surtout. Les étudiantes rencontrent là, chez leurs professeurs, et leurs camarades masculins, une bienveillance qui croît sans cesse. Le mouvement donc part bien, il part d'en haut, c'est dans l'ordre, mais qu'il gagne en profondeur maintenant jusque dans les couches inférieures. Les féministes des carrières libérales sont encore des princesses : qu'elles se fassent plus démocratiques à mesure qu'elles se mêleront à la masse, elles se comprendront mieux elles-mêmes. Que la femme se fasse apôtre, comme cette Flora Tristan dont je vous ai déjà parlé et qui tranche sur le milieu anarchiste de la bruyante cohorte saint-simonienne. Elle eut le courage de déclarer la guerre à l'individualisme étroit de bien des femmes en se mettant elle-même en campagne. Elle s'en alla par toute la France prêcher l'union ouvrière aux classes laborieuses. Elle partit en avril 1844 et mourut à bout de souffle en novembre de la même année, sur la brèche. Nous avons beaucoup de ces apôtres parmi nous, même dans les classes privilégiées et nous pouvons les saluer en frères comme de vraies féministes. Elles comprennent que tout l'essentiel de la question du féminisme, étant une question d'ordre moral, on ne peut la résoudre que par une éducation morale de la femme mieux comprise et généralisée.

Or la femme a déjà beaucoup gagné en valeur morale depuis que le travail lui a permis de s'essayer. Elle a gagné aussi depuis la crise de la grande guerre qui l'a mise en face de cruelles réalités. Les rêves romanesques sont en train de s'évanouir en fumée, elle comprend que la première conquête solide et sûre à faire c'est celle de soi-même ; que la morale individuelle est à la base de toutes les morales sociales, ou plutôt qu'il n'est point de société qui tienne sans que ses fondements ne soient scellés par de fortes personnalités morales. En lui demandant de se développer complètement, nous ne faisons pas autre chose que de revendiquer pour elle le droit à sa personnalité tout entière, profondément humaine. Ainsi se dissipe tout malentendu et le dernier mot de ce chapitre ne sera-t-il pas simplement celui-ci : « Soyons tous sans différence de sexe, ni de classe, des hommes, au sens plein du mot, et ne parlons plus de féminisme. Retrouvons-nous de temps en temps sur les cimes, nous avons besoin d'un temple près du ciel qui nous rassemble, pour communier en beauté à l'éternelle vérité, puis lorsque nous redescendons dans la plaine et que la vie recommence à nous différencier et peut-être à jeter en nous son ferment de discorde, levons les yeux en haut, vers les cimes où le temple de nouveau s'illumine de nos prières, de nos désirs de vie pure, haute de vie fraternelle et divine !

CONCLUSION

Au moment où j'achève de rassembler ces pages qui contiennent toutes les raisons que j'ai de croire en l'avenir de la femme, au rôle social qu'elle peut jouer dans le monde comme force spiritualisante et morale, il me semble que je devrais par quelques mots plus nets préciser ma foi.

Ce n'est pas que je veuille jouer le rôle de prophète bien qu'on nous accorde, à nous autres femmes, le don d'intuition, ni orienter un mouvement aussi important, aussi capricieux que celui du féminisme, en portant le flambeau. Non, je n'ai point cette ambition ; je n'essaierai même pas d'esquisser le portrait de la femme moderne, dont l'image pourtant hante mon cerveau. Je dirai simplement à ceux qui m'ont lue attentivement : faites un effort encore et voyez dans leur ensemble les faits que je viens de noter. Le féminisme ne vous apparaît-il pas au travers de ces faits comme une réalité vivante, qui croît, se développe et ne mourra qu'après avoir accompli sa complète évolution ? Ce n'est point tout à coup qu'il éclate, mais lentement ; sourdement, il prend vie dans l'âme de la femme, naît et marche, sur une ligne parallèle à celle du développement de la pensée, de la conscience humaine, en un mot du progrès humain. Suivez cette marche continue, progressive, sans vous préoccuper outre mesure de ces crises que nous venons d'étudier, et qui constituent à tort pour bien des antiféministes, tout le féminisme. Ces crises ne sont que la manifestation extérieure d'un féminisme tumultueux et partiel, et ce sont les causes qu'il importe de connaître. Ces causes se sont dégagées lentement et sûrement à travers les siècles dans nos âmes de femme et voilà pourquoi nous pouvons dire à nos adversaires que le féminisme moderne, bien qu'il soit dû à la guerre, c'est-à-dire à une cause qui n'agit plus, survivra à la guerre : il aura son lendemain.

Le féminisme de 1789 était dû à une cause précaire, à la Révolution, et il eut un lendemain, ce qui ne veut point dire qu'il nous soit parvenu, et qu'il se soit conservé tel qu'il apparut alors. Non, du féminisme des crises, il ne subsiste que ce qui est élément de progrès, ce qui est viable, ce qui est dans le sens du devenir humain, dans l'ordre établi par la Sagesse éternelle. Voilà pourquoi du féminisme de la Révolution, le sentiment de notre droit basé sur une compréhension plus nette de la valeur en soi de la personne morale est resté seul vivant dans nos âmes ; le féminisme moderne n'a fait que le retrouver et le développer.

La conscience morale, à mesure qu'elle s'éveillait plus claire, pénétrait dans la masse, nous avons pu nous en rendre compte pendant la guerre, c'est là l'indice indéniable que le mouvement se continue, qu'il n'est point mort, qu'il est à la fois ancien et nouveau, qu'il est *moderniste*, si vous n'avez point peur du mot.

Or cette conscience ne pouvait s'éveiller que par la connaissance et dans l'action. La femme a largement exploité ces deux formes de développement de l'âme humaine au cours des dernières années. La culture intellectuelle a pénétré dans toutes les classes et sous toutes les formes, à preuve tout ce que j'ai relevé dans cette étude, mais voici encore un autre fait dont je viens récemment d'être témoin, et que je veux vous conter.

Comme je rentrais de vacances, et qu'en bonne maîtresse de maison, je me préoccupais de réinstaller mon home, il se trouva que j'eus à faire appel à un menuisier.

Quel ne fut pas mon étonnement, lorsque ce menuisier se présenta chez moi sous la forme d'une belle jeune fille de vingt-deux ans, bien bâtie, solide, et pourtant très femme. Munie de son mètre pliant, bien à l'aise dans son tailleur élégant et correct, le pied dans son bas de soie, chaussé de souliers fins, elle s'acquitta merveilleusement de sa besogne et tandis que je l'admirais dans la façon harmonieuse et intelligente dont elle travaillait, je ne pus résister au plaisir de lui manifester ma satisfaction de féministe. Elle sourit alors en me disant : « Oh ! je ne suis pas ce qu'on appelle une féministe (c'est toujours le même discrédit jeté sur ce malheureux mot), je ne veux pas devenir un homme, je veux rester femme, mais je veux travailler, me développer. J'aime tant le travail, je suis fille d'ouvrier, mais d'un ouvrier artiste et je veux mettre de l'art dans tout ce que je fais ; mais mettre de l'art, ajouta-t-elle en secouant la tête, ce n'est pas vivre de fantaisie, en bohème ; on peut être artiste et avoir une conscience d'honnête homme. »

J'étais au plus haut point intéressée, et me mis à questionner ma belle « charpentière ». Alors, celle-ci prise par le plaisir de se raconter à l'âme sœur, laissa tomber son mètre, et me dit ce qui suit : « J'ai cru un moment que l'on ne pouvait être artiste qu'en faisant du grand art, du travail de luxe, notre travail de menuiserie à nous est si humble. » (Et saint Joseph, pensai-je, et son divin apprenti, mais je ne me risquai pas à les nommer, ils ont mauvaise presse parfois parmi leurs collègues.) « J'ai rêvé la carrière de comédienne. J'avais une assez belle voix ; un directeur de théâtre m'entendit et m'engagea pour une saison. Mon père essaya de me dissuader de mon projet, mais je fus tenace ; alors il me laissa faire, comptant sagement sur l'expérience pour m'éclairer. Je fus éclairée en effet : j'ai connu les coulisses, la scène, j'ai compris aux révoltes qu'a causées en moi cette corruption que je côtoyais, et dont je subissais malgré moi la contagion, qu'il n'y a point pour la femme d'art possible en dehors de l'idéal du Bien. Oh ! avant tout rester fidèle à ses principes, avoir un idéal, le désir de faire toujours plus, mais en gardant le sentiment de sa dignité de femme. Eh bien ! je puis servir mon idéal en restant menuisier. » Puis après un silence : « Voyez donc sur cette armoire, toute blanche, un petit filet bleu, très discret, rappellerait le bleu du linoléum et ferait très bien, j'en suis sûre ? »

Voilà la petite note d'art qui réapparaît tandis que mon ouvrière revient à la réalité ; elle reprend avec ardeur ses mesures, fait son devis ; il y avait plus d'une heure que nous étions restées à philosopher dans cet étroit cabinet de toilette qu'il s'agissait d'installer.

Et maintenant que j'ai conté cette petite histoire, revenons à nos conclusions.

La conscience de la femme s'éclaire dans la masse intelligente, c'est là l'essentiel du féminisme, l'élément stable. Le féminisme n'est donc pas une rêverie d'utopiste, une boutade de cerveaux exaltés, c'est la revendication juste et légitime de la femme à ses droits d'être humain. Cette revendication peut prendre des formes maladroites, la femme peut confondre les deux termes : homme ou mâle et être humain, l'histoire nous l'a montré. C'est un écueil contre lequel elle s'est heurtée et se heurtera encore, voilà pourquoi j'ai cru nécessaire de faire cette étude en la basant sur la psychologie de la femme. Un autre écueil, plus à craindre peut-être, suivant certains antiféministes, ne sera-t-il pas que la femme très déveplodée ne s'éloigne du foyer et redoute les fonctions de mère. A cette objection, j'opposerai une notion du progrès mieux compris. Le progrès d'une espèce n'est point contenu seulement dans la formule de multiplication, quantitative? S'il est possible de l'admettre pour les espèces inférieures, l'effort vital, au fur et à mesure que nous montons dans l'échelle des êtres, semble bien dirigé dans le sens du perfectionnement et de la fécondité spirituels? Du reste le travail de la nature dans la suite et la transformation des êtres, si nous les étudions à travers les périodes géologiques, prépare l'éclosion du plus grand cerveau, c'est-à-dire l'éveil de la conscience.

Une fécondité n'exclut point l'autre, elles peuvent marcher de pair, mais aussi si l'une vient à manquer, comme il arrive en notre temps où les femmes sont plus nombreuses que les hommes, la fécondité spirituelle peut largement remplir leur vie, et n'a rien de contraire à leur mission naturelle et sociale.

Le féminisme a donc de plus en plus sa raison d'être, il est dans le sens du grand courant du progrès entendu comme une spiritualisation toujours plus profonde. Il exige, pour être compris, pour s'établir dans la mesure d'une stricte justice, bien des réformes, bien des luttes, dans une société où tous les législateurs sont des hommes. C'est une œuvre de constance, de raison, de tact qu'il nous reste à accomplir. Elle se fera si nous y avons foi, si nous avons foi au progrès, à l'avènement d'un monde de plus en plus spirituel, si nous combattons ferme avec la devise : « Toujours plus, mais mieux ! » Cette foi vivant dans l'âme des femmes dont nous connaissons la nature enthousiaste et passionnée, c'est le succès à coup sûr. La femme intelligente, instruite, forte, tout en gardant son charme de femme, se fait apôtre dans tous les milieux, et le féminisme change de face, il devient quelque chose de nouveau, de fort, d'éminemment civilisateur, c'est le ferment de spiritualisation de nos sociétés modernes, le pivot de l'évolution morale de l'humanité, d'une évolution lente, sujette aux sursauts, aux régressions parfois, mais sûre. Si la femme ne manque point à sa mission, la société ne manquera pas à la sienne, les temps s'accompliront et le royaume de Dieu aura son heure. Avec une telle foi dans le cœur, comment ne pas proclamer l'utilité, la bonté, la beauté, du féminisme moderne !

FIN

BIBLIOTHÈQUE NATIONALE R.F. IMPRIMÉS

TABLE DES MATIÈRES

BIBLIOTHÈQUE NATIONALE R.F. IMPRIMÉS

Cet ouvrage a été achevé d'imprimer par

Plon-Nourrit et Cie,

à Paris, le 29 mars 1922.

A LA MÊME LIBRAIRIE :

Les Origines du féminisme contemporain. Trois femmes de la Révolution : Olympe de Gouges, Théroigne de Méricourt, Rose Lacombe, par Léopold Lacour. Un vol. in-8° avec cinq portraits .... 10 fr. 50

Le Féminisme sous le règne de Louis-Philippe et en 1848, par Léon Abensour. Avec une préface de Jules Bois. Un volume in-16 .... 6 fr.

La Renaissance littéraire de la France contemporaine, par Fortunat Strowski, professeur à la Sorbonne. Un volume in-16 .... 7 fr. 50

... Mais l'Art est difficile! par Jacques Boulenger. Première et deuxième séries. Deux volumes in-16. Chaque série. 7 fr. 50

Trois Études de littérature anglaise. *La Poésie de Rudyard Kipling — John Galsworthy — Shakespeare et l'âme anglaise*, par André Chevrillon, de l'Académie française. Un volume in-16 .... 7 fr. 50

Lamartine. *Le Roman d'une grande âme*, par Marguerite-Marie. Un volume in-8° .... 10 fr.

Sainte-Beuve. *L'Homme et le Poète*, par Louis-Frédéric Choisy. Un volume in-16 .... 7 fr. 50

Le Roman russe, par le vicomte E.-M. de Vogüé, de l'Académie française. 15e édition. Un volume in-16 ...... 7 fr. 50

Les Idées et les Hommes. Essais de critique, par André Beaunier. Trois volumes in-16. Chaque volume ...... 6 fr.

Essais de psychologie contemporaine, par Paul Bourget, de l'Académie française. Édition définitive. Deux volumes in-16 .... 15 fr.

Pages de Critique et de Doctrine, par Paul Bourget, de l'Académie française. Deux volumes in-16 .... 12 fr.

Le Roman de la famille française. Essai sur l'œuvre de M. Henry Bordeaux, par Joseph Ferchat. Préface de Paul Bourget, de l'Académie française. Un volume in-16 avec un portrait .... 6 fr.

Théophile Gautier. *Souvenirs intimes*, par Feydeau. Un volume in-18. Eau-forte de Rajon .... 6 fr.

Essais sur Balzac, par Paul Flat. Un volume in-18 .. 6 fr.

PARIS. — TYP. PLON-NOURRIT ET Cie, 8, RUE GARANCIÈRE. — 27487.

www.ingramcontent.com/pod-product-compliance
Ingram Content Group UK Ltd.
Pitfield, Milton Keynes, MK11 3LW, UK
UKHW022011170726
13837UKWH00001B/117

9 782329 19594